ROBERT DESNOS

Corps
et biens

PRÉFACE
DE RENÉ BERTELÉ

GALLIMARD

Quand paraît, en 1930, Corps et biens, *la période héroïque, on dirait presque « innocente », du surréalisme — celle de toutes les aventures et de toutes les audaces, de toutes les provocations, celle de tant d'entreprises menées sous le signe du hasard et de la rencontre, de « l'automatisme », à travers « la Ville aux rues sans nom du cirque cérébral » — est passée ou est en train de passer. André Breton a publié* Les Champs magnétiques, *avec Philippe Soupault, le* Manifeste *et* Nadja; *Paul Eluard :* Capitale de la douleur *et* L'amour la poésie; *Aragon :* Une vague de rêves, Le Paysan de Paris *et* Traité du style; *Péret :* Le Grand Jeu; *Artaud :* Le Pèse-nerfs; *Desnos lui-même :* Deuil pour deuil *et* La Liberté ou l'amour! *Ces livres, avec quelques autres, disent en sa plus haute flamme la jeunesse ardente, la jeunesse folle du surréalisme qui, après 1930, à partir du* Second manifeste, *va entrer dans son âge de raison raisonnante.* Corps et biens, *dont les textes sont datés de 1919 à 1929, est un des livres essentiels de cette première période du surréalisme. C'est aussi et d'abord le livre de la jeunesse ardente, de la jeunesse folle de Robert Desnos, parce qu'il faut le dire tout de suite, on y entend avant tout une voix : «* La voix de Robert

Desnos », comme s'intitule un des plus beaux poèmes de Corps et biens :

> Si semblable à la fleur et au courant d'air
> Au cours d'eau aux ombres passagères
> Au sourire entrevu ce fameux soir à minuit...

Il est vrai, ce qu'il y a de présence physique dans une voix — une parmi tant d'autres et chacune, pourtant, différente des autres ; de mouvement et de chaleur, d'infinie variété dans le timbre, le rythme, les inflexions qu'elle peut prendre, du murmure de la confidence et de la plainte à l'appel, au cri, ou à la frénésie verbale qui est celle du sang en amour avec les mots ; ce qu'il y a de pouvoirs expressifs et libérateurs dans une voix humaine ; ce qu'il y a particulièrement dans celle-ci, celle de Desnos, de nombreux, de pressant, de persuasif, parfois de caressant, d'un peu « canaille », parfois de rauque et d'impérieux, souvent de bouleversant : c'est d'abord cela que nous apporte sa poésie. De cette voix, Corps et biens *nous offre le registre étendu, abondant et divers, et déjà les intonations essentielles.*

Ne mésestimons pas les jeux de « Rrose Sélavy » et de « Langage cuit », qui vont de l'aphorisme insolite (« Un prêtre de Savoie déclare que le déchet des calices est marqué du cachet des délices... ») à la contrepèterie (« Martyre de saint Sébastien : mieux que ses seins ses bas se tiennent... »), en passant par les trouvailles de l'homonymie (« Notre paire quiète, ô yeux !... ») et des interversions syntaxiques (« Les belles mourus-je d'amour... »). Ils témoignent à leur façon de cette obsession du langage qui fut le fait du surréalisme et, spécifiquement, le fait de Desnos. Jeu des mots, « jeux de mots », qui ne visaient à rien moins qu'à les provoquer, à les laisser aller à leur vie propre, pour voir « jusqu'où ils iraient » dans leurs réactions inattendues des uns sur les autres. Par ces jeux (comme par ceux du « collage », pratiqués au même moment, avec les images, par les dadaïstes, puis les surréalistes), était mis en action un mécanisme perturbateur de la pensée logique, libérateur et donc poétique ; un certain ordre conventionnel était troublé au profit d'un autre singulier, gratuit, burlesque, à base de dérision et d'absurde. Ainsi, non seulement était imposée au langage une cure de désintoxication intellectuelle, mais en même temps étaient mises à nu certaines couches profondes du subconscient, à travers lesquelles, on peut le remarquer, apparaissent souvent celles de l'érotisme et de la profanation, que le surréalisme a plus particulièrement dégagées. Desnos, en tout cas, s'est livré avec passion à ce traitement expérimental du langage. Il a fait mener aux mots un train d'enfer. Devant ces gammes verbales, systématiques et répétées, d'où jaillit d'ailleurs parfois une poésie cocasse et grinçante, mais une poésie tout de même :

Moi j'aime l'épaule de la femme
Les pôles de l'affame
Et ses reins froids comme les cailloux du Rhin...

on pense aux gammes d'un très jeune et très brillant musicien qui cherche encore son style.

Ce style, son vrai style, Robert Desnos va le trouver avec les grands poèmes d' « A la Mystérieuse » et avec la suite qui s'intitule « Les Ténèbres ». Ces longs monologues exaltés, au ton à la fois oratoire et familier, parlés plutôt qu'écrits, qui brassent dans leur grand

7

*mouvement verbal, rêves, sensations, images, sentiments,
sont d'abord des poèmes d'amour — d'amour imaginaire,
on peut le remarquer, du moins où l'être aimé apparaît
comme une création de l'imagination poursuivie à travers
« les espaces du sommeil », présence et absence à la fois
sur laquelle les bras du poète se referment, à la fois ravis
et déçus :*

J'ai tant rêvé de toi que tu perds ta réalité...
J'ai tant rêvé de toi, tant marché, parlé, couché
avec ton fantôme, qu'il ne me reste plus peut-être,
et pourtant, qu'à être fantôme parmi les fantômes
et plus ombre cent fois que l'ombre qui se promène et
se promènera allégrement sur le cadran solaire de ta
vie...

*Après tant d'intelligence critique, tant d'attention
extrême et même de défiance portée aux mots, aux images,
au vocabulaire et à la syntaxe poétiques par la poésie
française depuis un siècle — « alchimie » à laquelle elle
doit son admirable destin, et qu'un Breton ou un Eluard
n'oublieront pas, malgré certaine volonté d' « automa-
tisme » — Desnos nous rend ici le lyrisme à l'état pur,
le lyrisme au sens d'effusion sentimentale et verbale qu'il
a pris plus particulièrement avec et depuis le Romantisme.
Et c'est ainsi d'abord, peut-être, qu'il se distingue des
autres poètes surréalistes. Là un homme ne joue plus seule-
ment avec les mots, mais les étreint en même temps qu'il
s'y abandonne, « corps et biens » il est vrai, étreinte et
abandon qui sont justement le propre de l'acte d'amour
(l'association n'est pas gratuite : il y a dans chacun de
ces poèmes, comme un emportement, un frémissement,
un halètement spasmodiques), pour dire ses hantises, ses*

8

obsessions, à travers lesquelles nous retrouvons les thèmes qui sont ceux du lyrisme de tous les temps : l'amour, nous l'avons dit, la solitude, la mort — la mort, sous la forme d'allusions répétées (prémonition ou fascination?) à un destin fatal, qui ne laissent pas de frapper chez un jeune homme alors si plein de vie.

On ne saurait pourtant réduire la poésie de Robert Desnos à une effusion lyrique, même s'il y a là une de ses tendances assez constantes et si une grande partie de son œuvre s'inscrit sous le signe du lyrisme. Dès Corps et biens, *c'est avec la suite des « Ténèbres » (datée de 1927) que la voix de Desnos, devenue comme plus insistante, trouve son registre le plus ample et le plus singulier, peut-être le plus personnel. Ici particulièrement un homme inspiré parle plutôt qu'il n'écrit, ou plutôt rêve et raconte ses rêves. Poèmes du délire et de la voyance, poèmes de la « vaticination », à travers lesquels une imagination ardente, nourrie sans doute de toutes les poésies, de toutes les histoires, des vieux contes et des vieilles chansons, de leurs symboles et de leurs secrets, aussi bien que de leurs rythmes et de leurs cadences, mais nourrie avant tout de ses propres rêves, se libère et s'épanche, et sait nous communiquer, naturellement, le merveilleux le plus troublant. Ce sens du merveilleux, c'est-à-dire du prodige rendu familier par son intrusion dans le quotidien, Desnos sut l'avoir comme peu de poètes. Tantôt ce merveilleux prend les couleurs de la féerie pure, comme dans « Avec le cœur du chêne » :*

Avec le bois tendre et dur de ces arbres, avec le cœur du chêne et l'écorce du bouleau, combien ferait-on de ciels, combien d'océans, combien de pantoufles pour les jolis pieds d'Isabelle la vague?...

*tantôt celles de l'incantation amoureuse, comme dans
« L'idée fixe » :*

Une étoile qui meurt est pareille à tes lèvres
Elles bleuissent comme le vin répandu sur la nappe...

*tantôt celles — et c'est le plus souvent — d'un fantas-
tique somptueux et baroque, qui naît de visions très précises,
comme dans l'étonnant poème qui s'appelle « De la rose
de marbre à la rose de fer » :*

La rose de marbre immense et blanche était seule
sur la place déserte où les ombres se prolongeaient
à l'infini...

La rose de fer avait été battue durant des siècles
par des forgerons d'éclairs. Chacune de ses feuilles
était grande comme un ciel inconnu...

*Ces couleurs sont toujours les plus changeantes : elles
sont celles de gemmes jamais vues, aux scintillements
étranges et inattendus, extraites à vif, il est vrai, du noir
charbon des ténèbres du rêve. Comme le disent « Paroles
des rochers » :*

L'infini profond, douleur désir poésie amour révé-
lation miracle révolution amour, l'infini profond m'enve-
loppe de ténèbres bavardes...

*Un vrai lyrique, mais avant tout un visionnaire, Desnos
le fut plus que tout autre poète de sa génération. On ne
saurait trop insister sur le caractère onirique, pour ne
pas dire hallucinatoire, de sa poésie. De même que si
nous écrivons le mot « voix » à propos de Desnos, si nous
écrivons le mot « rêve », ce ne sont pas là seulement
expressions littéraires. Robert Desnos se souviendra tou-
jours de cette « époque des sommeils » qu'a connue le surréa-*

lisme vers 1922, au moment où Breton et Soupault venaient de découvrir l'écriture automatique et où ils se livraient, avec leurs amis, aux expériences du sommeil hypnotique. Toujours sa poésie reviendra plus ou moins à sa patrie originaire : le sommeil et le rêve, et leurs manifestations diverses ; leur réalité spécifique, substance même de « ce grand poème qui, de la naissance à la mort, s'élabore dans le subconscient du poète qui ne peut en révéler que des fragments arbitraires », comme il l'a écrit lui-même. Mais là encore il nous faut préciser : Desnos a-t-il subi seulement, à ce moment, l'influence du surréalisme ? Il serait plus juste de dire que, par ses prédispositions exceptionnelles à la voyance, il l'a fortement inspiré. Ses amis l'ont reconnu maintes fois, en particulier André Breton dans ses Entretiens *où, retraçant l'histoire de ces années, il déclare :* « Au reste, celui qui, dans cette atmosphère du sommeil hypnotique et des singuliers moyens d'expression qu'il octroie, se trouvera véritablement dans son élément... ce sera Robert Desnos, et c'est lui qui imprimera durablement sa marque à cette forme d'activité. Il s'y donnera en effet éperdument, y apportant un goût romantique du naufrage que traduit le titre d'un de ses premiers recueils,* Corps et biens. *Nul comme lui n'aura foncé tête baissée dans toutes les voies du merveilleux... Tous ceux qui ont assisté aux plongées journalières de Desnos dans ce qui était vraiment* L'INCONNU *ont été emportés eux aussi dans une sorte de vertige ; tous ont été suspendus à ce qu'il pouvait dire, à ce qu'il pouvait tracer fébrilement sur le papier...* » *Il faut nous rappeler que, tout enfant, Robert Desnos notait ses rêves — ce sont là ses premières tentatives littéraires ; que, vers 1926, il tenait un étrange* « Journal d'une apparition », *qui était celle d'une femme qui venait le visiter chaque nuit (*« Journal* *d'une apparition », ce pourrait être le sous-titre de toute son œuvre) ; que plus tard, et même lorsque son écriture deviendra plus exigeante, il reconnaîtra souvent que le matériau initial de toutes ses expériences poétiques, ce sont ces états subconscients qu'on appelle rêve, rêverie ou hypnose.*

Ce matériau, pourtant, Desnos ne s'est pas contenté de le livrer à l'état brut, comme l'ont fait plus ou moins d'autres poètes de sa génération. Par un apparent paradoxe, ce visionnaire, si attentif à la dictée du subconscient, a toujours été inquiet d'une forme et d'un style et, à mesure qu'il avancera dans son œuvre, il le sera de plus en plus. Déjà, les premiers poèmes de Corps et biens, *datés de 1919 (« Le fard des Argonautes » et « L'ode à Coco »), sont faits de strophes aux alexandrins qui se veulent classiques, et le recueil s'achève par une suite de poèmes où les strophes de vers de six pieds, parfois de huit, se mêlent à celles de vers de douze pieds. Avec quelle virtuosité :*

> Qui donc pourrait me voir
> Moi la flamme étrangère
> L'anémone du soir
> Fleurit sous mes fougères...

> Alors que s'ébranlaient avec des cris d'orage
> Les puissances Vertige au verger des éclairs
> La sirène dardée à la proue d'un sillage
> Vers la lune chanta la romance de fer...

Le besoin de donner à ses délires la forme d'un chant rimé, rythmé et cadencé selon des recettes traditionnelles (et par ce besoin, encore, il se distingue des autres poètes surréalistes) apparaît périodiquement et régulièrement dans l'œuvre de Desnos qui hésitera toujours entre l'écriture libre du poème en prose et l'organisation concertée du poème en vers, comme il hésitera entre les sollicitations de la poésie « populaire » et celles de la poésie « savante ». Les recueils qu'il publiera après Corps et biens : Fortunes, Contrée, Calixto, diront encore plus clairement, et parfois dans un même poème (« Siramour », par exemple) ces hésitations ou ces alternances de forme et de style. Si, dans le même recueil Fortunes, des poèmes comme « Au bout du monde », qui se termine par ces deux vers :

Quelque part, dans le monde, au pied d'un talus,
Un déserteur parlemente avec des sentinelles qui
ne comprennent pas son langage,

ou comme « Sur soi-même », qui se termine par cette image :

La chair autour du fer de ton squelette :
Ton corps
Drapeau rouge replié,

sont jaillissement pur, notation directe et admirable, « La complainte de Fantomas » rappelle avec bonheur les chansons qu'on chante, le dimanche, aux carrefours ; et bientôt les parfaits sonnets de Calixto et de Contrée, que Desnos écrira peu de temps avant sa mort, révéleront une grâce précieuse et mesurée, « seiziémiste », imprévue chez ce poète de tous les délires.

Faut-il voir incertitude ou contradiction, dans l'extrême diversité de ton que peut prendre la voix de Robert Desnos ? Je ne le crois pas. Il y avait seulement chez lui, le désir d'exprimer la poésie sous toutes ses formes, dans tous ses possibles. Il s'en est expliqué lui-même à plusieurs reprises, en particulier dans la postface de Fortunes, datée de 1942, où il dit son souci d'un art qui permette

13

de « *coordonner l'inspiration, le langage et l'imagination* », pour atteindre « *un langage poétique à la fois populaire et exact... familier et lyrique* »; aussi dans les *dernières pages ou presque qu'il ait écrites*, ces « *Réflexions sur la poésie* », où il cite Villon, Nerval et Gongora comme devant être « *des sujets de réflexions actuelles quant à la technique poétique* ». La coïncidence entre le besoin de projeter ses plus libres fantasmes et, d'autre part, celui d'une « *technique poétique* » font de Desnos un poète de la *surréalité*, et donc de la *modernité*, en même temps qu'un poète qui se rattache à une tradition, celle des grands baroques. C'est là peut-être l'originalité de cette voix si douée qui, avec ses intempérances et ses turbulences, ses écarts, ses inégalités, mais toujours son intensité, est une de celles qui nous forcent le plus manifestement à reconnaître la présence de cette chose spécifique, irréductible, qui s'appelle la poésie. Au reste, et c'est ce qu'il faut dire encore, cette voix était celle d'un homme chez qui le besoin d'expérimenter sous toutes ses formes le langage poétique, allait naturellement avec celui d'expérimenter la vie sous toutes ses formes aussi ; d'un homme qui était plein de passion, curieux et joueur de tout, courageux, généreux et imprudent ; et qui est mort à quarante-cinq ans, dans les circonstances que l'on sait, d'avoir eu ce goût violent de la vie, et donc de la liberté, et d'avoir voulu le pousser jusqu'à ses dernières extrémités.

René Bertelé

Le fard des Argonautes

(1919)

Les putains de Marseille ont des sœurs océanes
Dont les baisers malsains moisiront votre chair.
Dans leur taverne basse un orchestre tzigane
Fait valser les péris au bruit lourd de la mer.

Navigateurs chantant des refrains nostalgiques,
Partis sur la galère ou sur le noir vapeur,
Espérez-vous d'un sistre ou d'un violon magique
Charmer les matelots trop enclins à la peur?

La légende sommeille altière et surannée
Dans le bronze funèbre et dont le passé fit son trône
Des Argonautes qui, voilà bien des années,
Partirent conquérir l'orientale toison.

Sur vos tombes naîtront les sournois champignons
Que louangera Néron dans une orgie claudienne
Ou plutôt certain soir les vicieux marmitons
Découvriront vos yeux dans le corps des poissons.

Partez! harpe éolienne où gémit la tempête...

Ils partirent un soir semé de lys lunaires.
Leurs estomacs outrés tintaient tels des grelots
Ils berçaient de chansons obscènes leur colère
De rut inassouvi en paillards matelots...

Les devins aux bonnets pointus semés de lunes
Clamaient aux rois en vain l'oracle ésotérique
Et la mer pour rançon des douteuses fortunes
Se parait des joyaux des tyrans érotiques.

— Nous reviendrons chantant des hymnes obsolètes
Et les femmes voudront s'accoupler avec nous
Sur la toison d'or clair dont nous ferons conquête
Et les hommes voudront nous baiser les genoux.

Ah! la jonque est chinoise et grecque la trirème
Mais la vague est la même à l'orient comme au nord
Et le vent colporteur des horizons extrêmes
Regarde peu la voile où s'assoit son essor.

Ils avaient pour esquif une vieille gabare
Dont le bois merveilleux énonçait des oracles.
Pour y entrer la mer ne trouvait pas d'obstacle.
Premier monta Jason, s'assit et tint la barre.

Mais Orphée sur la lyre attestait les augures;
Corneilles et corbeaux hurlant rauque leur peine
De l'ombre de leur vol rayaient les sarcophages
Endormis au lointain de l'Égypte sereine.

Chaque fois qu'une vague épuisée éperdue
Se pâmait sur le ventre arrondi de l'esquif
Castor baisait Pollux chastement attentif
A l'appel des alcyons amoureux dans la nue.

Ils avaient pour rameur un alcide des foires
Qui depuis quarante ans traînait son caleçon
De défaites payées en faciles victoires
Sur des nabots ventrus ou sur de blancs oisons.

.   .   .   .

Une à une, agonie harmonieuse et multiple,
Les vagues sont venues mourir contre la proue,
Les cygnes languissants ont fui les requins bleus,
La fortune est passée très vite sur sa roue.

Les cygnes languissants ont fui les requins bleus
Et les perroquets verts ont crié dans les cieux.

— Et mort le chant d'Éole et de l'onde limpide,
Lors nous te chanterons sur la lyre, ô Colchide.

Un demi-siècle avant, une vieille sorcière
Avait égorgé là son bouc bi-centenaire.
En restait la toison pouilleuse et déchirée,
Pourrie par le vent pur et mouillée par la mer.

— Médée, tu charmeras ce dragon venimeux
Et nous tiendrons le rang de ton bouc amoureux
Pour voir pâmer tes yeux dans ton masque sénile :
O! tes reins épineux ô! ton sexe stérile.

— J'endormirai pour vous le dragon vulgivague
Pour prendre la toison du bouc licornéen.
J'ai gardé de jadis une fleur d'oranger
Et mon doigt portera l'hyménéenne bague.

Mais la seule toison traînée par un quadrige
Servait de paillasson dans les cieux impudiques
A des cyclopes nus couleur de prune et de cerise :
Or nul d'entre eux ne vit le symbole ironique.

— Oh! les flots choqueront des arêtes humaines.
Les tibias des titans sont des ocarinas
Dans l'orphéon joyeux des stridentes sirènes,
Mais nous mangerons l'or des juteux ananas.

Car nous incarnerons nos rêves mirifiques.
Qu'importe que Phœbus se plonge sous les flots!
Des rythmes vont surgir, ô Vénus Atlantique!
De la mer pour chanter la gloire des héros.

Ils mangèrent chacun deux biscuits moisissants
Et l'un d'eux psalmodia des chansons de Calabre
Qui suscitent la nuit les blêmes revenants
Et la danse macabre aux danseurs doux et glabres.

Ils revinrent chantant des hymnes obsolètes.
Les femmes entr'ouvrant l'aisselle savoureuse
Sur la toison d'or clair s'offraient à leur conquête,
Les maris présentaient de tremblantes requêtes
Et les enfants baisaient leurs sandales poudreuses.

— Nous vous ferons pareils au vieil Israélite
Qui menait sa nation par les mers spleenétiques
Et les juifs qui verront vos cornes symboliques
Citant Genèse et Décalogue et Pentateuque
Viendront vous demander le sens secret des rites.

Alors, sans gouvernail, sans rameurs et sans voiles,
La nef Argo partit au fil des aventures
Vers la toison lointaine et chaude dont les poils
Traînaient sur l'horizon linéaire et roussi.

— Va-t'en, va-t'en, va-t'en, qu'un peuple ne t'entraîne
Qui voudrait, le goujat, fellateur clandestin,
Au phallus de la vie collant sa bouche blême,
Fût-ce de jours honteux prolonger son destin!

L'ode à Coco

(1919)

Coco! perroquet vert de concierge podagre,
Sur un ventre juché, ses fielleux monologues
Excitant aux abois la colère du dogue,
Fait surgir un galop de zèbres et d'onagres.

Cauchemar, son bec noir plongera dans un crâne
Et deux grains de soleil sous l'écorce paupière
Saigneront dans la nuit sur un édredon blanc.

L'amour d'une bigote a perverti ton cœur;
Jadis gonflant ton col ainsi qu'un tourtereau,
Coco! tu modulais au ciel de l'équateur
De sonores clameurs qui charmaient les perruches.
Vint le marin sifflant la polka périmée,
Vint la bigote obscène et son bonnet à ruches,
Puis le perchoir de bois dans la cage dorée :
Les refrains tropicaux désertèrent ta gorge.

Rastaquouère paré de criardes couleurs,
O général d'empire, ô métèque épatant,
Tu simules pour moi, grotesque voyageur,
Un aigle de lutrin perché sur un sextant.

Mais le cacatoès observait le persil,
Le bifteck trop saignant, la pot-bouille et la nuit,
Tandis qu'un chien troublait mon sommeil et la messe
Qui, par rauques abois, prétendait, le funeste,
Effrayer le soleil, la lune et les étoiles.

Coco! cri avorté d'un coq paralytique,
Les poules en ont ri, volatiles tribades,
Des canards ont chanté qui se sont crus des cygnes,
Qui donc n'a pas voulu les noyer dans la rade?

Qu'importe qu'un drapeau figé dans son sommeil
Serve de parapluie aux camelots braillards
Dont les cors font souffrir les horribles orteils :
Au vent du cauchemar claquent mes étendards.

Coco! femme de Loth pétrifiée par Sodome,
De louches cuisiniers sont venus, se cachant,
Effriter ta statue pour épicer l'arôme
Des ragoûts et du vin des vieillards impuissants.

Coco! fruit défendu des arbres de l'Afrique,
Les chimpanzés moqueurs en ont brisé des crânes
Et ces crânes polis d'anciens explorateurs
Illusionnent encor les insanes guenons.

Coco! petit garçon, savoure ce breuvage,
La mer a des parfums de cocktails et d'absinthe,
Et les citrons pressés ont roulé sur les vagues;
Avant peu les alcools délayant les mirages
Te feront piétiner par les pieds durs des bœufs.

La roulette est la lune et l'enjeu ton espoir,
Mais des grecs ont triché au poker des planètes,
Les sages du passé, terrés comme des loirs,
Ont vomi leur mépris aux pieds des proxénètes.

Les maelstroms gueulards charrieront des baleines
Et de blancs goélands noyés par les moussons.
La montagne fondra sous le vent des saisons,
Les ossements des morts exhausseront la plaine.

Le feu des Armadas incendiera la mer,
Les lourds canons de bronze entr'ouvriront les flots
Quand, seuls sur l'océan, quatre bouchons de liège
Défieront le tonnerre, effroi des matelots.

Coco! la putain pâle aux fards décomposés
A reniflé ce soir tes étranges parfums.
Elle verra la vie brutale sans nausée
A travers la couleur orangée du matin.

Elle marchera sur d'humides macadams
Où des phallophories de lumières s'agitent;
Sur les cours d'eau berceurs du nord de l'Amérique
Voguera sa pirogue agile, mais sans rame.

Les minarets blanchis d'un Alger idéal
Vers elle inclineront leur col de carafon
Pour verser dans son cœur mordu par les démons
L'ivresse des pensées captée dans les bocaux.

Sur ses talons Louis Quinze elle ira, décrochant
Les yeux révulsés des orbites des passants!

O le beau collier, ma mie,
Que ces yeux en ribambelle,
O le beau collier, ma mie,
Que ces têtes sans cervelle.

Nous jouerons au bilboquet
Sur des phallus de carton-pâte,
Danse Judas avec Pilate
Et Cendrillon avec Riquet.

Elle vivra, vivra marchant
En guignant de l'œil les boutiques
Où sur des tas d'or, souriant aux pratiques,
D'un peu plus chaque jour engraissent les marchands.

Elle vivra marchant,
Jusqu'à l'hospice ouvrant sa porte funéraire,
Jusqu'au berceau dernier, pirogue trop légère,
Sur l'ultime Achéron de ses regrets naissants.

Ou bien, dans un couvent de nonnes prostituées,
Abbesse au noir pouvoir, vendra-t-elle la chair
Meurtrie par les baisers de ses sœurs impubères?

Lanterne en fer forgé au seuil des lupanars,
Courtisanes coiffées du seigneurial hennin,
Tout le passé s'endort au grabat des putains
Comme un banquier paillard rongé par la vérole.

Saint Louis, jadis, sérieux comme un chien dans les
  quilles,
Régissait la rue chaude aimée des Toulousains,
Le clapier Saint-Merri, proche la même église,
Mêlait ses chants d'amour aux nocturnes tocsins.

La reine Marie Stuart obtint par grand' prière
Que d'un vocable orgiaque on fît Tire-Boudin,
J'aime beaucoup ces rues Tiron, Troussenonnains,
Où trafiquaient à l'enseigne des jarretières
Les filles aux doigts blancs, aux langues meurtrières.

Holà! l'estaminet s'ouvre sur l'horizon,
Les buveurs ont vomi du vin rouge hier soir
Et ce matin, livide et crachant ses poumons,
Syphilitique est morte la putain sans gloire.

Que le vent gonfle donc la voile des galères
Car les flots ont échoué sur les grèves antiques
Des cadavres meurtris dédaignés des requins,
Les crabes ont mangé tous les cerveaux lyriques,
Une pieuvre s'acharne après un luth d'argent
Et crève un sac soyeux où sonnaient les sequins!

Tabac pour la concierge et coco pour la grue!
Je ne priserai pas la poudre consolante
Puisqu'un puissant opium s'exhale de mes nuits,
Que mes mains abusées ont déchiré parfois
La chair sanglante et chaude et vierge mais dolente!

Quels bouquets, chers pavots, dans les flacons limpides,
Quels décombres thébains et, Byzance orgueilleuse,
Les rêves accroupis sur le bord d'un Bosphore
Où nagent les amours cadencées et nombreuses.

J'ai des champs de pavots sournois et pernicieux
Qui, plus que toi Coco! me bleuiront les yeux.
Sur Gomorrhe et Sodome aux ornières profondes,
J'ai répandu le sel fertilisant des ondes.

J'ai voulu ravager mes campagnes intimes,
Des forêts ont jailli pour recouvrir mes ruines.
Trois vies superposées ne pourraient pas suffire
A labeur journalier, en saccager l'empire.

Le poison de mon rêve est volupteux et sûr
Et les fantasmes lourds de la drogue perfide
Ne produiront jamais dans un esprit lucide
L'horreur de trop d'amour et de trop d'horizon
Que pour moi voyageur font naître les chansons.

(Novembre 1919)

Rrose Sélavy[1]

(1922-1923)

1. L'auteur regrette ici de ne pouvoir citer le nom de l'ini-
tiateur à Rrose Sélavy sans le désobliger. Les esprits curieux
pourront le déchiffrer au n° 13.

1. Dans un temple en stuc de pomme le pasteur distillait le suc des psaumes.

2. Rrose Sélavy demande si les Fleurs du Mal ont modifié les mœurs du phalle : qu'en pense Omphale?

3. Voyageurs, portez des plumes de paon aux filles de Pampelune.

4. La solution d'un sage est-elle la pollution d'un page?

5. Je vous aime, ô beaux hommes vêtus d'opossum.

Question aux astronomes :
6. Rrose Sélavy inscrira-t-elle longtemps au cadran des astres le cadastre des ans?

7. O mon crâne, étoile de nacre qui s'étiole.

8. Au pays de Rrose Sélavy on aime les fous et les loups sans foi ni loi.

9. Suivrez-vous Rrose Sélavy au pays des nombres décimaux où il n'y a décombres ni maux?

10. Rrose Sélavy se demande si la mort des saisons fait tomber un sort sur les maisons.

11. Passez-moi mon arc berbère, dit le monarque barbare.

12. Les planètes tonnantes dans le ciel effrayent les cailles amoureuses des plantes étonnantes aux feuilles d'écaille cultivées par Rrose Sélavy.

13. Rrose Sélavy connaît bien le marchand du sel.

Épitaphe :

14. Ne tourmentez plus Rrose Sélavy, car mon génie est énigme. Caron ne le déchiffre pas.

15. Perdue sur la mer sans fin, Rrose Sélavy mangera-t-elle du fer après avoir mangé ses mains?

16. Aragon recueille *in extremis* l'âme d'Aramis sur un lit d'estragon.

17. André Breton ne s'habille pas en mage pour combattre l'image de l'hydre du tonnerre qui brame sur un mode amer.

18. Francis Picabia l'ami des castors
    Fut trop franc d'être un jour picador
    A Cassis en ses habits d'or.

19. Rrose Sélavy voudrait bien savoir si l'amour, cette
    colle à mouches, rend plus dures les molles couches.

20. Pourquoi votre incarnat est-il devenu si terne,
    petite fille, dans cet internat où votre œil se cerna?

21. Au virage de la course au rivage, voici le secours
    de Rrose Sélavy.

22. Rrose Sélavy peut revêtir la bure du bagne, elle
    a une monture qui franchit les montagnes.

23. Rrose Sélavy décerne la palme sans l'éclat du mar-
    tyre à Lakmé bergère en Beauce figée dans le
    calme plat du métal appelé beauté.

24. Croyez-vous que Rrose Sélavy connaisse ces jeux
    de fous qui mettent le feu aux joues?

25. Rrose Sélavy, c'est peut-être aussi ce jeune apache
    qui de la paume de sa main colle un pain à sa môme.

26. Est-ce que la caresse des putains excuse la paresse
    des culs teints?

27. Le temps est un aigle agile dans un temple.

28. Qu'arrivera-t-il si Rrose Sélavy, un soir de Noël,
    s'en va vers le piège de la neige et du pôle?

29. Ah! meurs, amour!

30. Quel hasard me fera découvrir entre mille l'ami plus fugitif que le lézard?

31. Un prêtre de Savoie déclare que le déchet des calices est marqué du cachet des délices : met-il de la malice dans ce match entre le ciel et lui?

32. Voici le cratère où le Missouri prend sa source et la cour de Sara son mystère.

33. Nomades qui partez vers le nord, ne vous arrêtez pas au port pour vendre vos pommades.

34. Dans le sommeil de Rrose Sélavy il y a un nain sorti d'un puits qui vient manger son pain, la nuit.

35. Si le silence est d'or, Rrose Sélavy abaisse ses cils et s'endort.

36. Debout sur la carène, le poète cherche une rime et croyez-vous que Rrose Sélavy soit la reine du crime?

37. Au temps où les caravelles accostaient La Havane, les caravanes traversaient-elles Laval?

Question d'Orient :

38. A Sainte Sophie, sur un siège de liège, s'assied la folie.

39. Rrose Sélavy propose que la pourriture des passions devienne la nourriture des nations.

40. Quelle est donc cette marée sans cause dont l'onde amère inonde l'âme acérée de Rrose?

41. Benjamin Péret ne prend jamais qu'un bain par an.

42. Paul Éluard : le poète élu des draps.

Épitaphe pour Apollinaire :

43. Pleurez de nénies, géants et génies, au seuil du néant.

44. Amoureux voyageur sur la carte du tendre, pourquoi nourrir vos nuits d'une tarte de cendre?

Martyre de saint Sébastien :

45. Mieux que ses seins ses bas se tiennent.

46. Rrose Sélavy a visité l'archipel où la reine Irène-sur-les-Flots de sa rame de frêne gouverne ses îlots.

47. From Everest mountain I am falling down to your feet for ever, Mrs. Everling.

48. André Breton serait-il déjà condamné à la tâche de tondre en enfer des chats d'ambre et de jade?

49. Rrose Sélavy vous engage à ne pas prendre les verrues des seins pour les vertus des saintes.

50. Rrose Sélavy n'est pas persuadée que la culture du moi puisse amener la moiteur du cul.

51. Rrose Sélavy s'étonne que de la contagion des reliques soit née la religion catholique.

52. Possédé d'un amour sans frein, le prêtre savoyard jette aux rocs son froc pour soulager ses reins.

Devise de Rrose Sélavy :

53. Plus que poli pour être honnête
Plus que poète pour être honni.

54. Oubliez les paraboles absurdes pour écouter de Rrose Sélavy les sourdes paroles.

Épiphanie :

55. Dans la nuit fade les rêves accostent à la rade pour décharger des fèves.

56. Au paradis des diamants les carats sont des amants et la spirale est en cristal.

57. Les pommes de Rome ont pour les pages la saveur de la rage qu'y imprimèrent les dents des Mores.

58. Lancez les fusées, les races à faces rusées sont usées !

59. Rrose Sélavy proclame que le miel de sa cervelle est la merveille qui aigrit le fiel du ciel.

60. Aux agapes de Rrose Sélavy on mange du pâté de pape dans une sauce couleur d'agate.

61. Apprenez que la geste célèbre de Rrose Sélavy est inscrite dans l'algèbre céleste.

62. Habitants de Sodome, au feu du ciel préférez le fiel de la queue.

63. Tenez bien la rampe, rois et lois qui descendez à la cave sans lampe.

64. Morts férus de morale, votre tribu attend-elle toujours un tribunal?

65. Rrose Sélavy affirme que la couleur des nègres est due au tropique du cancer.

66. Beaux corps sur les billards, vous serez peaux sur les corbillards!

67. Du palais des morts les malaises s'en vont par toutes les portes.

68. Rocambole de son cor provoque le carnage, puis carambole du haut d'un roc et s'échappe à la nage.

69. De cirrhose du foie meurt la foi du désir de Rrose.

70. Amants tuberculeux, ayez des avantages phtisiques.

71. Rrose Sélavy au seuil des cieux porte le deuil des dieux.

72. Les orages ont pu passer sur Rrose Sélavy, c'est sans rage qu'elle atteint l'âge des oranges.

73. Ce que Baron aime, c'est le bâillon sur l'arme!

74. Les idées de Morise s'irisent d'un charme démodé.

75. Simone dans le silence provoque le heurt des lances des démones.

76. Les yeux des folles sont sans fard. Elles naviguent dans des yoles, sur le feu, pendant des yards, pendant des yards.

77. Le mépris des chansons ouvre la prison des méchants.

78. Le plaisir des morts, c'est de moisir à plat.

79. Aimez, ô gens, Janine, la fleur d'hémérocalle est si câline.

80. Sur quel pôle la banquise brise-t-elle le bateau des poètes en mille miettes?

81. Rrose Sélavy sait bien que le démon du remords ne peut mordre le monde.

82. Rrose Sélavy nous révèle que le râle du monde est la ruse des rois mâles emportés par la ronde de la muse des mois.

Dictionnaire La Rrose :

83. Latinité — Les cinq nations latines.
    La Trinité — L'émanation des latrines.

84. Nul ne connaîtrait la magie des boules sans la bougie des mâles.

85. Dans un lac d'eau minérale Rrose Sélavy a noyé la câline morale.

86. Rrose Sélavy glisse le cœur de Jésus dans le jeu des Crésus.

Conseil aux catholiques :

87. Attendez sagement le jour de la foi où la mort vous fera jouir de la faux.

88. Au fond d'une mine Rrose Sélavy prépare la fin du monde.

89. La jolie sœur disait : « Mon droit d'aînesse pour ton doigt, Ernest. »

90. Cravan se hâte sur la rive et sa cravate joue dans le vent.

91. Dans le ton rogue de Vaché il y avait des paroles qui se brisaient comme les vagues sur les rochers.

92. Faites l'Aumône aux riches, puis sculptez dans la roche le simulacre de Simone.

93. Cancer mystique, chanteras-tu longtemps ton cantique au mystère?

Réponse :

94. Ignores-tu que ta misère se pare comme une reine de la traîne de ce mystère?

95. La mort dans les flots est-elle le dernier mot des forts?

96. L'acte des sexes est l'axe des sectes.

97. Le suaire et les ténèbres du globe sont plus suaves que la gloire.

98. Frontières qui serpentez sur les cimes, vous n'entourez pas les cimetières abrités par nos fronts.

99. Les caresses de demain nous révéleront-elles le carmin des déesses?

100. Le parfum des déesses berce la paresse des défunts.

101. La milice des déesses se préoccupe peu des délices de la messe.

102. A son trapèze Rrose Sélavy apaise la détresse des déesses.

103. Les vestales de la Poésie vous prennent-elles pour des vessies, ô Pétales!

104. Images de l'amour, poissons, vos baisers sans poison me feront-ils baisser les yeux?

105. Dans le pays de Rrose Sélavy les mâles font la guerre sur la mer. Les femelles ont la gale.

106. A tout miché, pesez Ricord.

107. Mots, êtes-vous des mythes et pareils aux myrtes des morts?

108. L'argot de Rrose Sélavy, n'est-ce pas l'art de transformer en cigognes les cygnes?

109. Les lois de nos désirs sont des dés sans loisir.

110. Héritiers impatients, conduisez vos ascendants à la chambre des tonnerres.

111. Je vis où tu vis, voyou dont le visage est le charme des voyages.

112. Phalange des anges, aux angélus préférez les phallus.

113. Connaissez-vous la jolie faune de la folie? — Elle est jaune.

114. Votre sang charrie-t-il des grelots au gré de vos sanglots?

115. La piété dans le dogme consiste-t-elle à prendre les dogues en pitié?

116. Le char de la chair ira-t-il loin sur ce chemin si long?

117. Qu'en pensent les cocus?
Recette culinaire : plutôt que Madeleine l'apotrophage, femmes! imitez la vierge cornivore.

118. Corbeaux qui déchiquetez le flanc des beaux corps, quand éteindrez-vous les flambeaux?

119. Prométhée moi l'amour!

120. O ris cocher des flots! Auric, hochet des flots au ricochet des flots.

121. L'espèce des folles aime les fioles et les pièces fausses.

Définition de la poésie pour :

122. *Louis Aragon :* A la margelle des âmes écoutez les gammes jouer à la marelle.

123. *Benjamin Péret :* Le ventre de chair est un centre de vair.

124. *Tristan Tzara :* Quel plus grand outrage à la terre qu'un ouvrage de $\left\{ \begin{matrix} \text{verre} \\ \text{vers} \end{matrix} \right\}$? Qu'en dis-tu, ver de terre?

125. *Max Ernst :* La boule rouge bouge et roule.

126. *Max Morise :* A figue dolente, digue affolante.

127. *Georges Auric* : La portée des muses, n'est-ce pas la mort duvetée derrière la porte des musées?

128. *Philippe Soupault* : Les oies et les zébus sont les rois de ce rébus.

129. *Roger Vitrac* : Il ne faut pas prendre le halo de la lune à l'eau pour le chant « allo » des poètes comme la lune.

130. *Georges Limbour* : Pour les Normands le Nord ment.

131. *Francis Picabia* : Les chiffres de bronze ne sont-ils que des bonzes de chiffes : j'ai tué l'autre prêtre, êtes-vous prête, Rrose Sélavy?

132. *Marcel Duchamp* : Sur le chemin, il y avait un bœuf bleu près d'un banc blanc. Expliquez-moi la raison des gants blancs, maintenant?

133. *G. de Chirico* : Vingt fois sur le métier remettez votre outrage.

134. Quand donc appellerez-vous Prétéritions, Paul Éluard, les Répétitions?

135. O laps des sens, gage des années aux pensées sans langage.

136. Fleuves! portez au Mont-de-Piété les miettes de pont.

137. Les joues des fées se brûlent aux feux de joies.

138. Le mystère est l'hystérie des mortes sous les orties.

139. Dans le silence des cimes, Rrose Sélavy regarde en riant la science qui lime.

140. Nos peines sont des peignes de givre dans des cheveux ivres.

141. Femmes! faux chevaux sous vos cheveux de feu.

142. Dites les transes de la confusion et non pas les contusions de la France.

143. De quelle plaine les reines de platine monteront-elles dans nos rétines?

144. La peur, c'est une hanche pure sous un granit ingrat.

145. Les menteurs et les rhéteurs perdent leurs manches dans le vent rêche quand les regarde Man Ray.

146. Si vous avez des peines de cœur, amoureux, n'ayez plus peur de la Seine.

147. A cœur payant un rien vaut cible.

148. Plus fait violeur que doux sens.

149. Jeux de mots jets mous.

150. Aimable souvent est sable mouvant.

L'Aumonyme

(1923)

« C'est une fâcheuse aventure : créer le mystère autour de nos amours. Pas si fâcheuse que ça.

« Je l'aime, elle roule si vite, la grande automobile blanche. De temps à autre, au tournant des rues, le chauffeur blanc et noir, plus majestueusement qu'un capitaine de frégate, abaisse lentement le bras dans l'espace qui roule, roule, roule si vite, en ondes blanches comme les roues de l'automobile que j'aime.

« Mais le mystère qui se déroule concentriquement autour de ses seins a capturé dans son labyrinthe de macadam taché de larmes la grande automobile blanche qui vogue plutôt qu'elle ne roule en faisant naître autour d'elle dans l'espace les grandes ondes invisibles et concentriques du mystère. La cible aérienne que les hommes traversent sans s'en douter se disloque lentement au gré des amants et la sphère, cerclée de parallèles comme ses seins, crève ainsi qu'un ballon. Dirigeables et ballons, aéroplanes et vapeurs, locomotives et automobiles, tout est mystère dans mon immobile amour pour ses seins. »

Après avoir parlé, je regardai :

Le désert qui s'étendait autour de moi était peuplé

d'échos qui me mirent cruellement en présence de ma propre image reflétée dans le miroir des mirages. Les femmes qui tenaient ces glaces à main étaient nues, hormis leurs mains qui étaient gantées, leur sein gauche, gainé de taffetas moiré noir à faire hurler mes gencives de volupté, hormis aussi leurs cheveux dissimulés sous une écharpe de fine laine jaune. Quand ces femmes se retournaient je pouvais tout voir de leur dos merveilleux, tout hormis la nuque, la colonne vertébrale et cette partie de la croupe où la cambrure prend naissance, cachées qu'elles étaient par les pans de l'écharpe. Cette nudité partielle et savamment irritante pour moi a-t-elle causé ma folie? Dites-le-moi, vous dont le mystère est la fin, le but.

Ne vous enfuyez plus, passagères de première classe, quand l'émigrant clandestin, lié à l'hélice pour faire à peu de frais la traversée, vous appelle le soir, à l'heure où, penchées près de la hampe, vous cherchez à identifier vos cheveux, l'ondoiement de l'étendard et les flots. Vos visages et le reflet de vos visages se présentent tour à tour au-dessus et au-dessous de lui : comment voulez-vous que son imagination, qui gravite au gré de l'hélice, autour de l'arbre d'acier sans racine, ne confonde pas votre réalité et votre image, fruits de l'arbre à hélice, belles passagères érotiquement vêtues, et pourquoi vous enfuir quand vous l'entendez dire dans la nuit, à l'heure où la Croix du Sud et l'Étoile Polaire se heurtent sur le tapis bleu des salles de bridge :

« Elles sont mystère, mystère. Leurs cheveux sont des toiles de mystère... le mystère est leur but, leur fin... leur faim c'est le mystère. Elles ont bu, mais elles ont faim, la fin du mystère est-elle le but de leur faim? »

Pitié pour l'amant des homonymes.

21 HEURES LE 26-11-22

En attendant
en nattant l'attente.
Sous quelle tente
mes tantes
ont-elles engendré
les neveux silencieux
que nul ne veut sous les cieux
appeler ses cousins?
En nattant les cheveux du silence
six lances
percent mes pensées en attendant.

*

Notre paire quiète, ô yeux!
que votre « non » soit sang (t'y fier?)
que votre araignée rie,
que votre vol honteux soit fête (au fait)
sur la terre (commotion).

Donnez-nous, aux joues réduites,
notre pain quotidien.
Part, donnez-nous, de nos œufs foncés

comme nous part donnons
à ceux qui nous ont offensés.
Nounou laissez-nous succomber à la tentation
et d'aile ivrez-nous du mal.

*

Exhausser ma pensée

Exaucer ma voix.

*

Prisonnier des ⎧ syllabes ⎫ et non des sens
⎩ mots ⎭
Pris au nier ....?
des cils a bai ⎧ ser
⎩ ssés
haï
Oh! hais non des sens
mais des FORMES-PRISONS

＊

Catàracte des flots cataracte des yeux
aux cheveux roux des roues
feues nos mains, feus nos yeux furent maîtres des feux.
Dans nos vaisseaux battus par un sang sans globule
voguent de grands vaisseaux portant dans des cellules
les grands forçats sanglants qui burent nos cellules.

Au bout du môle blanc les sirènes sont molles.
Sirènes des vapeurs, avez-vous vu Méduse aux cheveux
    de méduse :
Mes pupilles sont devenues ses amoureuses pupilles.

Jetez le lest vers l'est, lestes ballons. Volez jusqu'au soleil
    pour voler quoi?
La peine des regards, yeux au pêne hermétique,
Offre un calme de reines antiques.
        Coupez les rênes. Laissez-les galoper, les rennes!
Chœur des cœurs :
Le corps des prunelles est le fruit de jouir
        Goûtez les prunelles avant de mourir,
        Aux arbres des forêts le marbre des forts est.
Cent nageurs ont plongé dans le sang des prunelles,
Cent nageurs ont péri du désir des cruelles, sens, nageur
    le sang des sans-cervelle.
Pitié pour le désert où des airs sans pitié sur les aîtres
    du cœur ont renseigné les hêtres.
Cent hiers ont fléchi sur l'herbe des sentiers qu'ont
    foulé cent aimées en secret de nos êtres.

Faire du fer pour panser nos pensées avec la mousse du
    vin, avec la mousse du vain,
Du vin pour les mousses quand souffle la mousson
Et que nous dormons sur la mousse, levain du vin.
Sous quel manteau trouble dérober nos troubles men-
    taux?

      Je mens aux multiples consciences.

✽

      Les moules des mers
      aux moules des mères
      empruntent leur forme d'œil.
      Homme — houle d'aimer.

✽

      Ail de ton œil,
      je t'aime à cause de cela.

Nos tâches tachent
tour à tour
les tours
d'alentours.

✻

Vers quel verre, œil vert, diriges-tu tes regards chaussés
de vair?

✻

Maître des pals, ô mâle!
le mal ne rend pas ta face plus pâle;
que les opales fassent naître dans tes malles
des cours d'eau.
Mais ils seront si courts
que les chanteurs des cours,
baissant le dos, perdront le do.
Ah! cours, maître du mal et du pal.
Il n'y a pas de mètre pour mesurer ta vie

$$\left. \begin{array}{l} \text{l'âme sûre de la vie} \\ \\ \text{et la mesure de l'envie.} \end{array} \right\} \begin{array}{l} \text{ton} \end{array} \left\} \begin{array}{l} \text{ta} \end{array} \right.$$

ni de malle pour mettre

*

Plutôt se pendre aux pins,
s'éprendre des yeux peints,
que de gagner son pain
où les fleuves vont s'épandre.

*

Mords le mors de la mort Maure silencieux
Cils! aux cieux
dérobez nos yeux.

Non, nous n'avons pas de nom.

*

Plus que la nuit nue
la femme vient hanter
nos rêves pareils à Antée
antés des désirs renaissants.

56

Nos pères! C'est parce que vous n'aviez pas les yeux pers.

Changez vos cœurs au pair avec les dollars,
Change ton cœur, opère sans douleur.

*

J'aime vos cous marqués de coups,
maîtresses des fauves
(mes tresses défaut)
j'aime des desseins, non des seins,
j'aime les dents des dames.
Pis, j'aime les pieds, non les pies non les pis

mais l'épée?

*

Mes chants sont si peu méchants
Ils ne vont pas jusqu'à Longchamp
Ils meurent avant d'atteindre les champs
Où les bœufs s'en vont léchant
Des astres
Désastres.

*

L'an est si lent.
Abandonnons nos ancres dans l'encre,

   mes amis.

*

De si haut les eaux tombent-elles sur nos os?
Voici haut les oiseaux
        la voie des tombes : voix os.

*

   Un à un
   les Huns
   passent l'Aisne.
   Nos aines confondent nos haines,
   Henri Heine.
   Un à un
   les Huns
   deviennent des nains.
   Perdez-vous dans l'Ain
   et non dans l'Aisne.

   Hein?

*

Tant d'or.

Passez les patries à l'épreuve du tan
et du temps
et encore des taons.

*

L'art est le dieu lare
des mangeurs de lard

et les phares dévoilent le fard
des courtisanes du Far-West qui s'effarent.

*

Dormir.
Les sommes nocturnes révèlent
la somme des mystères des hommes.
Je vous somme, sommeils,
de m'étonner
et de tonner.

BLANC SEING

Hommes mangés aux mythes
il est trop tard pour soupeser vos tares
       aux cinq blancs seins si saints de n'être pas sains
       nous sommes soumis.
      L'appeau? La peau, peau-pierre.
Aimez-vous la paupière des seins?
Ces pots de peau simulent la pierre blanchie par les flots.
Pour mesurer ces seins πr est inutile.
Ces pots de lait sont laids, je les abandonne aux faiseurs
   de lais.
Moi, j'aime l'épaule de la femme
      les pôles de l'affame
         et ses reins froids comme les cailloux du Rhin.

(27 novembre 1922)

               ✣

Vingt fois buvez ce vin.
L'or est hors de nos mains
   qui demain
palperont les cinq seins

d'une femme plus belle que
  la qui bêle.

Timide ⎫
humide ⎬ à nos portes
on la porte en ville
(la beauté est vile)
  civile.

  Mille grains de mil
  pour les gringalets

      ricochez sur la vie.

        ✳

Les chats hauts sur les châteaux
  d'espoir
Croquent des poires d'angoisse
  la nuit
  l'ennui
  l'âme nuit.

Et puis il y a le puits
qui s'enfonce dans la terre
    où s'atterrent
    les faibles
    que brise la brise.

Poète venu de Lorient
que dis-tu de l'Orient
l'or riant?

*

Les mûres sont mûres le long des murs
et des bouches bouchent nos yeux.

Les porcs débarquent dans des ports
d'Amérique
et de nos pores
s'enfuient les désirs.

*

Vos bouches mentent,
vos mensonges sentent la menthe,
Amantes!

Cristaux où meurt le Christ,
reflétez la froide beauté
de Kristiana.

Nos traditions?
Notre addition!

*

Les ponts s'effondrent tous
au cri du paon qui pond
et les pans de ponts
transforment les rivières.

Aux lacs des lacs
meurent les paons
enlisés dans la gomme laque.

AUTANT POUR LES CROSSES

Autant pour les crosses, Évêques caducs qui baptisez
    les Èves aux aqueducs.
Autant pour les crosses, gens qui associez à l'amour
    votre aorte.
Flexible. Flexible, ma chère Flexible,
Est-ce ma chair, ma chère, sont-ce des crosses que vous
    cherchez?
        Autant pour
        Autant dire.

            Ici c'est Charles Cros.
            Jamais plus pour Charles Cros.

63

Dans la paume de vos mains
que font ces pommes?
Un jour les échos
nous paieront leur écot.

Voici l'homme le plus beau, il a un pied bot,
Les hommes sereins s'enrhument sous le serein,
Synonymes assassinonimes au moins,
      Sinon mime l'homme au nid(me).

Gaieté	Joie
guetter	j'ois
épiler et piller épier	j'entends j'antan
raser racer r'assez	jadis jà dix? Jade Ys
mare flac	
harasser étalonner	autrefois
frôler	
fatiguer	autre foi
effleurer et talonner et fatiguer.	hérésie errez y (ne
	vous garez pas!)
	Et Gare Ève où?
	Égarez-vous.

P'OASIS

Nous sommes les pensées arborescentes qui fleurissent sur les chemins des jardins cérébraux.

— Sœur Anne, ma Sainte Anne, ne vois-tu rien venir... vers Sainte-Anne?

— Je vois les pensées odorer les mots.

— Nous sommes les mots arborescents qui fleurissent sur les chemins des jardins cérébraux.

De nous naissent les pensées.

— Nous sommes les pensées arborescentes qui fleurissent sur les chemins des jardins cérébraux.

Les mots sont nos esclaves.

— Nous sommes

— Nous sommes

— Nous sommes les lettres arborescentes qui fleurissent sur les chemins des jardins cérébraux.

Nous n'avons pas d'esclaves.

— Sœur Anne, ma sœur Anne, que vois-tu venir vers Sainte-Anne?

— Je vois les Pan C

— Je vois les crânes KC

— Je vois les mains DCD

— Je les M

— Je vois les pensées BC et les femmes MB

et les poumons qui en ont AC de l'RLO

poumons noyés des ponts NMI.

Mais la minute précédente est déjà trop AG.

— Nous sommes les arborescences qui fleurissent sur les déserts des jardins cérébraux.

Art rythmé tic
Lit temps nie.

Prenez vos 16
litanies
n'italie
Inde œuf, un deux, la muscadence
Troie, qu'âtre neuf dans les seins (les siens) sise
les seins, cet étui pour le 9
Troie m'Ilion
      zéro
      rosée rose si 12
      réseau
   navigateurs traversez les 2-3
        à toute 8-S
11 ondes jusqu'à vos bouches portent l'odeur marine
des 13 fraises
Par nos amours décuplées nous devenons vains
      mais 10-20-2-20

quand je vins vous mourûtes

   dans vos cerveaux

trop 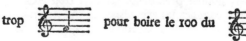 pour boire le 100 du

En somme, F M R F Î J
sommes-nous des cow-boys de l'Arizona dans un labo-
    ratoire
ou des cobayes prenant l'horizon pour un labyrinthe?

RROSE SÉLAVY, ETC.

Rose aisselle a vit.
Rr'ose, essaie là, vit.
Rôts et sel à vie.
Rose S, L, have I.
Rosée, c'est la vie.
Rrose scella vît.
Rrose sella vît.
Rrose sait la vie.
Rose, est-ce, hélas, vie?
Rrose aise héla vît.
Rrose est-ce aile, est-ce elle?
        Est celle
            AVIS

*

S. E.
E. C.

/^{C.}harles /^{Q.}uint /^{F.}aux /^{D.}éfunt

(10 décembre 1923)

DIALOGUE

— Rien ne m'intéresse.
— Rie, en aimant, Thérèse.

Langage cuit

(1923)

VENT NOCTURNE

Sur la mer maritime se perdent les perdus
Les morts meurent en chassant
des chasseurs dansent en rond une ronde
Dieux divins! Hommes humains!
De mes doigts digitaux je déchire une cervelle
    cérébrale.
              Quelle angoissante angoisse!
Mais les maîtresses maîtrisées ont des cheveux chevelus
              Cieux célestes
              terre terrestre
Mais où est la terre céleste?

LANGAGE CUIT

I

Ce vieillard encore violet ou orangé ou rose
porte un pantalon en trompe d'éléphant.

Mon amour jette-moi ce regard chaud
où se lisent de blancs desseins !

Portrait au rallongé de nos âmes
parlerons-nous à cœur fermé
et ce cœur sur le pied ?
Ou jouerons-nous toute la nuit à la main froide ?

LANGAGE CUIT

II

D'une voix noire
d'une voix maigre
m'a séduite
dans la nuit mince
dans le jour des temps.
Se vêtir d'un crêpe de chevelure
la muse aux seins mourants.

Et la voix ronde
dit que la voie est esclave.

Quelle lumière cuite ce jour-là!

A PRÉSENT

J'aimai avec passion ces longues fleurs qui éclatai-je à mon entrée. Chaque lampe se transfigurai-je en œil crevé d'où coulai-je des vins plus précieux que la nacre et les soupirs des femmes assassinées.

Avec frénésie, avec frénésie nos passions naquis-je et le fleuve Amazone lui-même ne bondis-je pas mieux.
Écouté-je moi bien! Du coffret jaillis-je des océans et non des vins et le ciel s'entr'ouvris-je quand il parus-je.
Le nom du seigneur n'eus-je rien à faire ici.

Les belles mourus-je d'amour et les glands, tous les glands tombai-je dans les ruisseaux.
La grande cathédrale se dressai-je jusqu'au bel œil.
L'œil de ma bien-aimée.
Il connus-je des couloirs de chair. Quant aux murs ils se liquéfiai-je et le dernier coup de tonnerre fis-je disparaître de la terre tous les tombeaux.

IDÉAL MAITRESSE

Je m'étais attardé ce matin-là à brosser les dents d'un joli animal que, patiemment, j'apprivoise. C'est un caméléon. Cette aimable bête fuma, comme à l'ordinaire, quelques cigarettes, puis je partis.

Dans l'escalier je la rencontrai. « Je mauve », me dit-elle et tandis que moi-même je cristal à pleine ciel-je à son regard qui fleuve vers moi.

Or il serrure et, maîtresse! Tu pitchpin qu'a joli vase je me chaise si les chemins tombeaux.

L'escalier, toujours l'escalier qui bibliothèque et la foule au bas plus abîme que le soleil ne cloche.

Remontons! mais en vain, les souvenirs se sardine! à peine, à peine un bouton tirelire-t-il. Tombez, tombez! En voici le verdict : « La danseuse sera fusillée à l'aube en tenue de danse avec ses bijoux immolés au feu de son corps. Le sang des bijoux, soldats! »

Eh quoi, déjà je miroir. Maîtresse tu carré noir et si les nuages de tout à l'heure myosotis, ils moulins dans la toujours présente éternité.

CHANSON DE CHASSE

La chasseresse sans chance
de son sein choie son sang sur ses chasselas
chasuble sur ce chaud si chaud sol
chat sauvage
chat chat sauvage qui vaut sage
chat sage ou sage sauvage
laissez sécher les chasses léchées
chasse ces chars sans chevaux et cette échine
sans châle
si sûre chasseresse
son sort qu'un chancre sigille
chose sans chagrin
chanson sans chair chanson chiche.

ÉLÉGANT CANTIQUE
DE SALOMÉ SALOMON

Mon mal meurt mais mes mains miment
Nœuds, nerfs non anneaux. Nul nord
Même amour mol? mames, mord
Nus nénés nonne ni Nine.

Où est Ninive sur la mammemonde?

Ma mer, m'amis, me murmure :
« nos nils noient nos nuits nées neiges ».
Meurt momie! môme : âme au mur.
Néant nié nom ni nerf n'ai-je!

     Aime haine
     Et n'aime
     haine aime
     aimai ne

       M N
       N M
       N M
       M N

LE BONBON

Je je suis suis le le roi roi
    des montagnes
j'ai de de beaux beaux bobos beaux beaux yeux yeux
    il fait une chaleur chaleur

j'ai nez
j'ai doigt doigt doigt doigt doigt à à
    chaque main main

j'ai dent dent dent dent dent dent dent
    dent dent dent dent dent dent dent
    dent dent dent dent dent dent dent
    dent dent dent dent dent dent dent
    dent dent dent dent

Tu tu me me fais fais souffrir
mais peu m'importe m'importe
    la la porte porte.

AU MOCASSIN LE VERBE

Tu me suicides, si docilement.
Je te mourrai pourtant un jour.
Je connaîtrons cette femme idéale
et lentement je neigerai sur sa bouche.
Et je pleuvrai sans doute même si je fais tard, même si
  je fais beau temps.
Nous aimez si peu nos yeux
et s'écroulerai cette larme sans
raison bien entendu et sans tristesse.
Sans.

CŒUR EN BOUCHE

Son manteau traînait comme un soleil couchant
et les perles de son collier étaient belles comme des dents.
Une neige de seins qu'entourait la maison
et dans l'âtre un feu de baisers.
Et les diamants de ses bagues étaient plus brillants que
    des yeux.
« Nocturne visiteuse, Dieu croit en moi!
— Je vous salue, gracieuse de plénitude,
les entrailles de votre fruit sont bénies.
Dehors se courbent les roseaux fines tailles.
Les chats grincent mieux que les girouettes.
Demain à la première heure, respirer des roses aux doigts
    d'aurore
et la nue éclatante transformera en astre le duvet. »

Dans la nuit ce fut l'injure des rails aux indifférentes
    locomotives
près des jardins où les roses oubliées
sont des amourettes déracinées.
« Nocturne visiteuse, un jour je me coucherai dans un lin-
    ceul comme dans une mer.
Tes regards sont des rayons d'étoile

les rubans de ta robe des routes vers l'infini.

Viens dans un ballon léger semblable à un cœur

malgré l'aimant, arc de triomphe quant à la forme.

Les giroflées du parterre deviennent les mains les plus
  belles d'Haarlem.

Les siècles de notre vie durent à peine des secondes.

A peine les secondes durent-elles quelques amours.

A chaque tournant il y a un angle droit qui ressemble à
  un vieillard.

Le loup à pas de nuit s'introduit dans ma couche.

Visiteuse! Visiteuse! Tes boucliers sont des seins!

Dans l'atelier se dressent aussi sournoises que des langues
  les vipères.

Et les étaux de fer comme les giroflées sont devenus des
  mains.

Avec les fronts de qui lapiderez-vous les cailloux?

Quel lion te suit plus grondant qu'un orage?

Voici venir les cauchemars des fantômes. »

Et le couvercle du palais se ferma aussi bruyamment
  que les portes du cercueil.

On me cloua avec des clous aussi maigres
  que des morts

dans une mort de silence.

Maintenant vous ne prêterez plus d'attention
aux oiseaux de la chansonnette.

L'éponge dont je me lave n'est qu'un cerveau ruisselant
et des poignards me pénètrent avec l'acuité de vos regards.

Là! L'Asie. Sol miré, phare d'haut, phalle ami docile
à la femme, il l'adore, et dos ci dos là mille a mis! Phare
effaré la femme y résolut d'odorer la cire et la fade eau.
L'art est facile à dorer : fard raide aux mimis, domicile à
lazzi. Dodo l'amie outrée!

UN JOUR QU'IL FAISAIT NUIT

Il s'envola au fond de la rivière.
Les pierres en bois d'ébène les fils de fer en or et la
croix sans branche.
Tout rien.
Je la hais d'amour comme tout un chacun.
Le mort respirait de grandes bouffées de vide.
Le compas traçait des carrés et des triangles à cinq
côtés.
Après cela il descendit au grenier.
Les étoiles de midi resplendissaient.
Le chasseur revenait carnassière pleine de poissons sur
la rive au milieu de la Seine.
Un ver de terre marque le centre du cercle sur la circonfé-
rence.
En silence mes yeux prononcèrent un bruyant discours.
Alors nous avancions dans une allée déserte où se pressait
la foule.
Quand la marche nous eut bien reposé nous eûmes le
courage de nous asseoir puis au réveil nos yeux se
fermèrent et l'aube versa sur nous les réservoirs
de la nuit.
La pluie nous sécha.

ISABELLE ET MARIE

Isabelle rencontra Marie au bas de l'escalier :
« Tu n'es qu'une chevelure! lui dit-elle.
— et toi une main.
— main toi-même, omoplate!
— omoplate? c'est trop fort, espèce de sein!
— langue! dent! pubis!
— œil!
— cils! aisselle! rein!
— gorge!... oreille!
— oreille? moi? regarde-toi, narine!
— non mais, vieille gencive!
— doigt!
— con! »

(31 mai 1923)

LA COLOMBE DE L'ARCHE

Maudit
soit le père de l'épouse
du forgeron qui forgea le fer de la cognée
avec laquelle le bûcheron abattit le chêne
dans lequel on sculpta le lit
où fut engendré l'arrière-grand-père
de l'homme qui conduisit la voiture
dans laquelle ta mère
rencontra ton père!

(14 novembre 1923)

C'ÉTAIT UN BON COPAIN

Il avait le cœur sur la main
Et la cervelle dans la lune
C'était un bon copain
Il avait l'estomac dans les talons
Et les yeux dans nos yeux
C'était un triste copain
Il avait la tête à l'envers
Et le feu là où vous pensez
Mais non quoi il avait le feu au derrière
C'était un drôle de copain
Quand il prenait ses jambes à son cou
Il mettait son nez partout
C'était un charmant copain
Il avait une dent contre Étienne
A la tienne Étienne à la tienne mon vieux
C'était un amour de copain
Il n'avait pas sa langue dans la poche
Ni la main dans la poche du voisin
Il ne pleurait jamais dans mon gilet
C'était un copain
C'était un bon copain.

A la mystérieuse

(1926)

O DOULEURS DE L'AMOUR!

O douleurs de l'amour!

Comme vous m'êtes nécessaires et comme vous m'êtes chères.

Mes yeux qui se ferment sur des larmes imaginaires, mes mains qui se tendent sans cesse vers le vide.

J'ai rêvé cette nuit de paysages insensés et d'aventures dangereuses aussi bien du point de vue de la mort que du point de vue de la vie, qui sont aussi le point de vue de l'amour.

Au réveil vous étiez présentes, ô douleurs de l'amour, ô muses du désert, ô muses exigeantes.

Mon rire et ma joie se cristallisent autour de vous. C'est votre fard, c'est votre poudre, c'est votre rouge, c'est votre sac de peau de serpent, c'est vos bas de soie... et c'est aussi ce petit pli entre l'oreille et la nuque, à la naissance du cou, c'est votre pantalon de soie et votre fine chemise et votre manteau de fourrure, votre ventre rond c'est mon rire et mes joies vos pieds et tous vos bijoux.

En vérité, comme vous êtes bien vêtue et bien parée.

O douleurs de l'amour, anges exigeants, voilà que je vous imagine à l'image même de mon amour, que je vous confonds avec lui...

O douleurs de l'amour, vous que je crée et habille, vous vous confondez avec mon amour dont je ne connais que les vêtements et aussi les yeux, la voix, le visage, les mains, les cheveux, les dents, les yeux...

J'AI TANT RÊVÉ DE TOI

J'ai tant rêvé de toi que tu perds ta réalité.

Est-il encore temps d'atteindre ce corps vivant et de baiser sur cette bouche la naissance de la voix qui m'est chère?

J'ai tant rêvé de toi que mes bras habitués, en étreignant ton ombre, à se croiser sur ma poitrine ne se plieraient pas au contour de ton corps, peut-être.

Et que, devant l'apparence réelle de ce qui me hante et me gouverne depuis des jours et des années, je deviendrais une ombre sans doute.

O balances sentimentales.

J'ai tant rêvé de toi qu'il n'est plus temps sans doute que je m'éveille. Je dors debout, le corps exposé à toutes les apparences de la vie et de l'amour et toi, la seule qui compte aujourd'hui pour moi, je pourrais moins toucher ton front et tes lèvres que les premières lèvres et le premier front venus.

J'ai tant rêvé de toi, tant marché, parlé, couché avec ton fantôme qu'il ne me reste plus peut-être, et pourtant, qu'à être fantôme parmi les fantômes et plus ombre cent fois que l'ombre qui se promène et se promènera allégrement sur le cadran solaire de ta vie.

LES ESPACES DU SOMMEIL

Dans la nuit il y a naturellement les sept merveilles du monde et la grandeur et le tragique et le charme.

Les forêts s'y heurtent confusément avec des créatures de légende cachées dans les fourrés.

Il y a toi.

Dans la nuit il y a le pas du promeneur et celui de l'assassin et celui du sergent de ville et la lumière du réverbère et celle de la lanterne du chiffonnier.

Il y a toi.

Dans la nuit passent les trains et les bateaux et le mirage des pays où il fait jour. Les derniers souffles du crépuscule et les premiers frissons de l'aube.

Il y a toi.

Un air de piano, un éclat de voix.

Une porte claque. Une horloge.

Et pas seulement les êtres et les choses et les bruits matériels.

Mais encore moi qui me poursuis ou sans cesse me dépasse.

Il y a toi l'immolée, toi que j'attends.

Parfois d'étranges figures naissent à l'instant du sommeil et disparaissent.

Quand je ferme les yeux, des floraisons phosphorescentes apparaissent et se fanent et renaissent comme des feux d'artifice charnus.

Des pays inconnus que je parcours en compagnie de créatures.

Il y a toi sans doute, ô belle et discrète espionne.

Et l'âme palpable de l'étendue.

Et les parfums du ciel et des étoiles et le chant du coq d'il y a 2 000 ans et le cri du paon dans des parcs en flamme et des baisers.

Des mains qui se serrent sinistrement dans une lumière blafarde et des essieux qui grincent sur des routes médusantes.

Il y a toi sans doute que je ne connais pas, que je connais au contraire.

Mais qui, présente dans mes rêves, t'obstines à s'y laisser deviner sans y paraître.

Toi qui restes insaisissable dans la réalité et dans le rêve.

Toi qui m'appartiens de par ma volonté de te posséder en illusion mais qui n'approches ton visage du mien que mes yeux clos aussi bien au rêve qu'à la réalité.

Toi qu'en dépit d'une rhétorique facile où le flot meurt sur les plages, où la corneille vole dans des usines en ruine, où le bois pourrit en craquant sous un soleil de plomb.

Toi qui es à la base de mes rêves et qui secoues mon esprit plein de métamorphoses et qui me laisses ton gant quand je baise ta main.

Dans la nuit il y a les étoiles et le mouvement ténébreux de la mer, des fleuves, des forêts, des villes, des herbes, des poumons de millions et millions d'êtres.

Dans la nuit il y a les merveilles du monde.

Dans la nuit il n'y a pas d'anges gardiens, mais il y a le sommeil.

Dans la nuit il y a toi.

Dans le jour aussi.

SI TU SAVAIS

Loin de moi et semblable aux étoiles, à la mer et à tous les accessoires de la mythologie poétique,

Loin de moi et cependant présente à ton insu,

Loin de moi et plus silencieuse encore parce que je t'imagine sans cesse,

Loin de moi, mon joli mirage et mon rêve éternel, tu ne peux pas savoir.

Si tu savais.

Loin de moi et peut-être davantage encore de m'ignorer et m'ignorer encore.

Loin de moi parce que tu ne m'aimes pas sans doute ou, ce qui revient au même, que j'en doute.

Loin de moi parce que tu ignores sciemment mes désirs passionnés.

Loin de moi parce que tu es cruelle.

Si tu savais.

Loin de moi, ô joyeuse comme la fleur qui danse dans la rivière au bout de sa tige aquatique, ô triste comme sept heures du soir dans les champignonnières.

Loin de moi silencieuse encore ainsi qu'en ma présence et joyeuse encore comme l'heure en forme de cigogne qui tombe de haut.

Loin de moi à l'instant où chantent les alambics, à l'instant où la mer silencieuse et bruyante se replie sur les oreillers blancs.

Si tu savais.

Loin de moi, ô mon présent présent tourment, loin de moi au bruit magnifique des coquilles d'huîtres qui se brisent sous le pas du noctambule, au petit jour, quand il passe devant la porte des restaurants.

Si tu savais.

Loin de moi, volontaire et matériel mirage.

Loin de moi, c'est une île qui se détourne au passage des navires.

Loin de moi un calme troupeau de bœufs se trompe de chemin, s'arrête obstinément au bord d'un profond précipice, loin de moi, ô cruelle.

Loin de moi, une étoile filante choit dans la bouteille nocturne du poète. Il met vivement le bouchon et dès lors il guette l'étoile enclose dans le verre, il guette les constellations qui naissent sur les parois, loin de moi, tu es loin de moi.

Si tu savais.

Loin de moi une maison achève d'être construite.

Un maçon en blouse blanche au sommet de l'échafaudage chante une petite chanson très triste et, soudain, dans le récipient empli de mortier apparaît le futur de la maison : les baisers des amants et les suicides à deux et la nudité dans les chambres des belles inconnues et leurs rêves à minuit, et les secrets voluptueux surpris par les lames de parquet.

Loin de moi,

Si tu savais.

Si tu savais comme je t'aime et, bien que tu ne m'aimes pas, comme je suis joyeux, comme je suis robuste et fier de sortir avec ton image en tête, de sortir de l'univers.

Comme je suis joyeux à en mourir.

Si tu savais comme le monde m'est soumis.

Et toi, belle insoumise aussi, comme tu es ma prisonnière.

O toi, loin-de-moi, à qui je suis soumis.

Si tu savais.

NON L'AMOUR N'EST PAS MORT

Non, l'amour n'est pas mort en ce cœur et ces yeux et cette bouche qui proclamait ses funérailles commencées.

Écoutez, j'en ai assez du pittoresque et des couleurs et du charme.

J'aime l'amour, sa tendresse et sa cruauté.

Mon amour n'a qu'un seul nom, qu'une seule forme.

Tout passe. Des bouches se collent à cette bouche.

Mon amour n'a qu'un nom, qu'une forme.

Et si quelque jour tu t'en souviens

O toi, forme et nom de mon amour,

Un jour sur la mer entre l'Amérique et l'Europe,

A l'heure où le rayon final du soleil se réverbère sur la surface ondulée des vagues, ou bien une nuit d'orage sous un arbre dans la campagne, ou dans une rapide automobile,

Un matin de printemps boulevard Malesherbes,

Un jour de pluie,

A l'aube avant de te coucher,

Dis-toi, je l'ordonne à ton fantôme familier, que je fus seul à t'aimer davantage et qu'il est dommage que tu ne l'aies pas connu.

Dis-toi qu'il ne faut pas regretter les choses : Ronsard avant moi et Baudelaire ont chanté le regret des vieilles et des mortes qui méprisèrent le plus pur amour.

Toi, quand tu seras morte,

Tu seras belle et toujours désirable.

Je serai mort déjà, enclos tout entier en ton corps immortel, en ton image étonnante présente à jamais parmi les merveilles perpétuelles de la vie et de l'éternité, mais si je vis

Ta voix et son accent, ton regard et ses rayons,

L'odeur de toi et celle de tes cheveux et beaucoup d'autres choses encore vivront en moi,

En moi qui ne suis ni Ronsard ni Baudelaire,

Moi qui suis Robert Desnos et qui, pour t'avoir connue et aimée,

Les vaux bien.

Moi qui suis Robert Desnos, pour t'aimer

Et qui ne veux pas attacher d'autre réputation à ma mémoire sur la terre méprisable.

COMME UNE MAIN A L'INSTANT
DE LA MORT

Comme une main à l'instant de la mort et du naufrage
se dresse comme les rayons du soleil couchant, ainsi
de toutes parts jaillissent tes regards.
Il n'est plus temps, il n'est plus temps peut-être de
me voir,
Mais la feuille qui tombe et la roue qui tourne te
diront que rien n'est perpétuel sur terre,
Sauf l'amour,
Et je veux m'en persuader.
Des bateaux de sauvetage peints de rougeâtres cou-
leurs,
Des orages qui s'enfuient,
Une valse surannée qu'emportent le temps et le
vent durant les longs espaces du ciel.
Paysages.
Moi, je n'en veux pas d'autres que l'étreinte à laquelle
j'aspire,
Et meure le chant du coq.
Comme une main à l'instant de la mort se crispe,
mon cœur se serre.
Je n'ai jamais pleuré depuis que je te connais.
J'aime trop mon amour pour pleurer.

Tu pleureras sur mon tombeau,
Ou moi sur le tien.
Il ne sera pas trop tard.
Je mentirai. Je dirai que tu fus ma maîtresse
Et puis vraiment c'est tellement inutile,
Toi et moi, nous mourrons bientôt.

A LA FAVEUR DE LA NUIT

Se glisser dans ton ombre à la faveur de la nuit.
Suivre tes pas, ton ombre à la fenêtre.
Cette ombre à la fenêtre c'est toi, ce n'est pas une autre, c'est toi.
N'ouvre pas cette fenêtre derrière les rideaux de laquelle tu bouges.
Ferme les yeux.
Je voudrais les fermer avec mes lèvres.
Mais la fenêtre s'ouvre et le vent, le vent qui balance bizarrement la flamme et le drapeau entoure ma fuite de son manteau.
La fenêtre s'ouvre : ce n'est pas toi.
Je le savais bien.

Les ténèbres

(1927)

Les chaînes

I. LA VOIX DE ROBERT DESNOS

Si semblable à la fleur et au courant d'air
au cours d'eau aux ombres passagères
au sourire entrevu ce fameux soir à minuit
si semblable à tout au bonheur et à la tristesse
c'est le minuit passé dressant son torse nu au-dessus
    des beffrois et des peupliers
j'appelle à moi ceux-là perdus dans les campagnes
les vieux cadavres les jeunes chênes coupés
les lambeaux d'étoffe pourrissant sur la terre et le linge
    séchant aux alentours des fermes
j'appelle à moi les tornades et les ouragans
les tempêtes les typhons les cyclones
les raz de marée
les tremblements de terre
j'appelle à moi la fumée des volcans et celle des ciga-
    rettes
les ronds de fumée des cigares de luxe
j'appelle à moi les amours et les amoureux
j'appelle à moi les vivants et les morts
j'appelle les fossoyeurs j'appelle les assassins
j'appelle les bourreaux j'appelle les pilotes les maçons
    et les architectes

les assassins
j'appelle la chair
j'appelle celle que j'aime
j'appelle celle que j'aime
j'appelle celle que j'aime
le minuit triomphant déploie ses ailes de satin et se
    pose sur mon lit
les beffrois et les peupliers se plient à mon désir
ceux-là s'écroulent ceux-là s'affaissent
les perdus dans la campagne se retrouvent en me trouvant
les vieux cadavres ressuscitent à ma voix
les jeunes chênes coupés se couvrent de verdure
les lambeaux d'étoffe pourrissant dans la terre et sur
    la terre
claquent à ma voix comme l'étendard de la révolte
le linge séchant aux alentours des fermes habille d'ado-
    rables femmes que je n'adore pas
qui viennent à moi
obéissent à ma voix et m'adorent
les tornades tournent dans ma bouche
les ouragans rougissent s'il est possible mes lèvres
les tempêtes grondent à mes pieds
les typhons s'il est possible me dépeignent
je reçois les baisers d'ivresse des cyclones
les raz de marée viennent mourir à mes pieds
les tremblements de terre ne m'ébranlent pas mais font
    tout crouler à mon ordre
la fumée des volcans me vêt de ses vapeurs
et celle des cigarettes me parfume
et les ronds de fumée des cigares me couronnent
les amours et l'amour si longtemps poursuivis se réfu-
    gient en moi
les amoureux écoutent ma voix

les vivants et les morts se soumettent et me saluent
les premiers froidement les seconds familièrement
les fossoyeurs abandonnent les tombes à peine creusées
   et déclarent que moi seul puis commander leurs
   nocturnes travaux
les assassins me saluent
les bourreaux invoquent la révolution
invoquent ma voix
invoquent mon nom
les pilotes se guident sur mes yeux
les maçons ont le vertige en m'écoutant
les architectes partent pour le désert
les assassins me bénissent
la chair palpite à mon appel

celle que j'aime ne m'écoute pas
celle que j'aime ne m'entend pas
celle que j'aime ne me répond pas.

(14 décembre 1926)

II. INFINITIF

Y mourir ô belle flammèche y mourir
voir les nuages fondre comme la neige et l'écho
origines du soleil et du blanc pauvres comme Job
ne pas mourir encore et voir durer l'ombre
naître avec le feu et ne pas mourir
étreindre et embrasser amour fugace le ciel mat
gagner les hauteurs abandonner le bord
et qui sait découvrir ce que j'aime
omettre de transmettre mon nom aux années
rire aux heures orageuses dormir au pied d'un pin
grâce aux étoiles semblables à un numéro
et mourir ce que j'aime au bord des flammes.

III. LE VENDREDI DU CRIME

Un incroyable désir s'empare des femmes endormies
Une pierre précieuse s'endort dans l'écrin bleu de roi
Et voilà que sur le chemin s'agitent les cailloux fatigués
Plus jamais les pas des émues par la nuit
Passez cascades
Les murailles se construisent au son du luth d'Orphée
Et s'écroulent au son des trompettes de Jéricho
Sa voix perce les murailles
Et mon regard les supprime sans ruines
Ainsi passent les cascades avec la lamentation des étoiles
Plus de cailloux sur le sentier
Plus de femmes endormies
Plus de femmes dans l'obscurité
Ainsi passez cascades.

IV. L'IDÉE FIXE

Je t'apporte une petite algue qui se mêlait à l'écume
    de la mer et ce peigne
Mais tes cheveux sont mieux nattés que les nuages
    avec le vent avec les rougeurs célestes et tels avec
    des frémissements de vie et de sanglots que se tordant
    parfois entre mes mains ils meurent avec les flots
    et les récifs du rivage en telle abondance qu'il faudra
    longtemps pour désespérer des parfums et de leur
    fuite avec le soir où ce peigne marque sans bouger
    les étoiles ensevelies dans leur rapide et soyeux cours
    traversé par mes doigts sollicitant encore à leur
    racine la caresse humide d'une mer plus dangereuse
    que celle où cette algue fut recueillie avec la mousse
    dispersée d'une tempête
Une étoile qui meurt est pareille à tes lèvres
Elles bleuissent comme le vin répandu sur la nappe
Un instant passe avec la profondeur d'une mine
L'anthracite se plaint sourdement et tombe en flocons
    sur la ville
Qu'il fait froid dans l'impasse où je t'ai connue
Un numéro oublié sur une maison en ruines
Le numéro 4 je crois

Je te retrouverai avant quelques jours près de ce pot
   de reine-marguerite
Les mines ronflent sourdement
Les toits sont couverts d'anthracite
Ce peigne dans tes cheveux semblable à la fin du monde
La fumée le vieil oiseau et le geai
Là sont finies les roses et les émeraudes
Les pierres précieuses et les fleurs
La terre s'effrite et s'étoile avec le bruit d'un fer à repas-
   ser sur la nacre
Mais tes cheveux si bien nattés ont la forme d'une main.

V. SOUS LES SAULES

L'étrange oiseau dans la cage aux flammes
Je déclare que je suis le bûcheron de la forêt d'acier
que les martes et les loutres sont des jamais connues
l'étrange oiseau qui tord ses ailes et s'illumine
Un feu de Bengale inattendu a charmé ta parole
Quand je te quitte il rougit mes épaules et l'amour
Le quart d'heure vineux mieux vêtu qu'un décor loin-
    tain étire ses bras débiles et fait craquer ses doigts
    d'albâtre
A la date voulue tout arrivera en transparence plus
    fameux que la volière où les plumes se dispersent
Un arbre célèbre se dresse au-dessus du monde avec
    des pendus en ses racines profondes vers la terre
C'est ce jour que je choisis
Un flamboyant poignard a tué l'étrange oiseau dans
    la cage de flamme et la forêt d'acier vibre en sour-
    dine illuminée par le feu des mortes giroflées
Dans le taillis je t'ai cachée dans le taillis qui se pro-
    clame roi des plaines.

VI. TROIS ÉTOILES

J'ai perdu le regret du mal passé les ans.

J'ai gagné la sympathie des poissons.

Plein d'algues, le palais qui abrite mes rêves est un récif et aussi un territoire du ciel d'orage et non du ciel trop pâle de la mélancolique divinité.

J'ai perdu tout de même la gloire que je méprise.

J'ai tout perdu hormis l'amour, l'amour de l'amour, l'amour des algues, l'amour de la reine des catastrophes.

Une étoile me parle à l'oreille :

« Croyez-moi, c'est une belle dame,

Les algues lui obéissent et la mer elle-même se transforme en robe de cristal, quand elle paraît sur la plage. »

Belle robe de cristal tu résonnes à mon nom.

Les vibrations, ô cloche surnaturelle, se perpétuent dans sa chair

Les seins en frémissent.

La robe de cristal sait mon nom,

La robe de cristal m'a dit :

« Fureur en toi, amour en toi

Enfant des étoiles sans nombre

Maître du seul vent et du seul sable

Maître des carillons de la destinée et de l'éternité

Maître de tout enfin hormis de l'amour de sa belle

Maître de tout ce qu'il a perdu et esclave de ce qu'il garde encore.

Tu seras le dernier convive à la table ronde de l'amour.

Les convives, les autres larrons ont emporté les couverts d'argent.

Le bois se fend, la neige fond.

Maître de tout hormis de l'amour de sa dame.

Toi qui commandes aux dieux ridicules de l'humanité et ne te sers pas de leur pouvoir qui t'est soumis.

Toi, maître, maître de tout hormis de l'amour de ta belle. »

Voilà ce que m'a dit la robe de cristal.

VII. CHANT DU CIEL

La fleur des Alpes disait au coquillage : « tu luis »
Le coquillage disait à la mer : « tu résonnes »
La mer disait au bateau : « tu trembles »
Le bateau disait au feu : « tu brilles »
Le feu me disait : « je brille moins que ses yeux »
Le bateau me disait : « je tremble moins que ton cœur quand elle paraît »
La mer me disait : « je résonne moins que son nom en ton amour »
Le coquillage me disait : « je luis moins que le phosphore du désir dans ton rêve creux »
La fleur des Alpes me disait : « elle est belle »
Je disais : « elle est belle, elle est belle, elle est émouvante ».

VIII. DE LA FLEUR D'AMOUR
ET DES CHEVAUX MIGRATEURS

Il était dans la forêt une fleur immense qui risquait
de faire mourir d'amour tous les arbres
Tous les arbres l'aimaient
Les chênes vers minuit devenaient reptiles et ram-
paient jusqu'à sa tige
Les frênes et les peupliers se courbaient vers sa corolle
Les fougères jaunissaient dans sa terre
Et telle elle était radieuse plus que l'amour nocturne
de la mer et de la lune
Plus pâle que les grands volcans éteints de cet astre
Plus triste et nostalgique que le sable qui se dessèche
et se mouille au gré des flots
Je parle de la fleur de la forêt et non des tours
Je parle de la fleur de la forêt et non de mon amour
Et si telle trop pâle et nostalgique et adorable aimée
des arbres et des fougères elle retient mon souffle sur
les lèvres c'est que nous sommes de même essence
Je l'ai rencontrée un jour
Je parle de la fleur et non des arbres
Dans la forêt frémissante où je passais
Salut papillon qui mourut dans sa corolle
Et toi fougère pourrissante mon cœur

Et vous mes yeux fougères presque charbon presque flamme presque flot

Je parle en vain de la fleur mais de moi

Les fougères ont jauni sur le sol devenu pareil à la lune

Semblable le temps précis à l'agonie d'une abeille perdue entre un bleuet et une rose et encore une perle

Le ciel n'est pas si clos

Un homme surgit qui dit son nom devant lequel s'ouvrent les portes un chrysanthème à la boutonnière

C'est de la fleur immobile que je parle et non des ports de l'aventure et de la solitude

Les arbres un à un moururent autour de la fleur

Qui se nourrissait de leur mort pourrissante

Et c'est pourquoi la plaine devint semblable à la pulpe des fruits

Pourquoi les villes surgirent

Une rivière à mes pieds se love et reste à ma merci ficelle de la salutation des images

Un cœur quelque part s'arrête de battre et la fleur se dresse

C'est la fleur dont l'odeur triomphe du temps

La fleur qui d'elle-même a révélé son existence aux plaines dénudées pareilles à la lune à la mer et à l'aride atmosphère des cœurs douloureux

Une pince de homard bien rouge reste à côté de la marmite

Le soleil projette l'ombre de la bougie et de la flamme

La fleur se dresse avec orgueil dans un ciel de fable

Vos ongles mes amies sont pareils à ses pétales et roses comme eux

La forêt murmurante en bas se déploie

Un cœur qui s'arrête comme une source tarie

Il n'est plus temps il n'est plus temps d'aimer vous qui passez sur la route

La fleur de la forêt dont je conte l'histoire est un chrysanthème

Les arbres sont morts les champs ont verdi les villes sont apparues

Les grands chevaux migrateurs piaffent dans leurs écuries lointaines

Bientôt les grands chevaux migrateurs partent

Les villes regardent passer leur troupeau dans les rues dont le pavé résonne au choc de leurs sabots et parfois étincelle

Les champs sont bouleversés par cette cavalcade

Eux la queue traînant dans la poussière et les naseaux fumants passent devant la fleur

Longtemps se prolongent leurs ombres

Mais que sont-ils devenus les chevaux migrateurs dont la robe tachetée était un gage de détresse

Parfois on trouve un fossile étrange en creusant la terre

C'est un de leurs fers

La fleur qui les vit fleurit encore sans tache ni faiblesse

Les feuilles poussent au long de sa tige

Les fougères s'enflamment et se penchent aux fenêtres des maisons

Mais les arbres que sont-ils devenus

La fleur pourquoi fleurit-elle

Volcans! ô volcans!

Le ciel s'écroule

Je pense à très loin au plus profond de moi

Les temps abolis sont pareils aux ongles brisés sur les portes closes

Quand dans les campagnes un paysan va mourir

entouré des fruits mûrs de l'arrière-saison du bruit du givre qui se craquelle sur les vitres de l'ennui flétri fané comme les bluets du gazon

Surgissent les chevaux migrateurs

Quand un voyageur s'égare dans les feux follets plus crevassés que le front des vieillards et qu'il se couche dans le terrain mouvant

Surgissent les chevaux migrateurs

Quand une fillette se couche nue au pied d'un bouleau et attend

Surgissent les chevaux migrateurs

Ils apparaissent dans un galop de flacons brisés et d'armoires grinçantes

Ils disparaissent dans un creux

Nulle selle n'a flétri leur échine et leur croupe luisante reflète le ciel

Ils passent éclaboussant les murs fraîchement recrépis

Et le givre craquant les fruits mûrs les fleurs effeuillées l'eau croupissante le terrain mou des marécages qui se modèlent lentement

Voient passer les chevaux migrateurs

Les chevaux migrateurs
Les chevaux migrateurs
Les chevaux migrateurs
Les chevaux migrateurs.

IX. AVEC LE CŒUR DU CHÊNE

Avec le bois tendre et dur de ces arbres, avec le cœur du chêne et l'écorce du bouleau combien ferait-on de ciels, combien d'océans, combien de pantoufles pour les jolis pieds d'Isabelle la vague?

Avec le cœur du chêne et l'écorce du bouleau.

Avec le ciel combien ferait-on de regards, combien d'ombres derrière le mur, combien de chemises pour le corps d'Isabelle la vague?

Avec le cœur du chêne et l'écorce du bouleau, avec le ciel.

Avec les océans combien ferait-on de flammes, combien de reflets au bord des palais, combien d'arcs-en-ciel au-dessus de la tête d'Isabelle la vague?

Avec le cœur du chêne et l'écorce du bouleau, avec le ciel, avec les océans.

Avec les pantoufles combien ferait-on d'étoiles, de chemins dans la nuit, de marques dans la cendre, combien monterait-on d'escaliers pour rencontrer Isabelle la vague?

Avec le cœur du chêne et l'écorce du bouleau, avec le ciel, avec les océans, avec les pantoufles.

Mais Isabelle la vague, vous m'entendez, n'est qu'une image du rêve à travers les feuilles vernies de l'arbre de la mort et de l'amour.

Avec le cœur du chêne et l'écorce du bouleau.

Qu'elle vienne jusqu'à moi dire en vain la destinée que je retiens dans mon poing fermé et qui ne s'envole pas quand j'ouvre la main et qui s'inscrit en lignes étranges.

Avec le cœur du chêne et l'écorce du bouleau, avec le ciel.

Elle pourra mirer son visage et ses cheveux au fond de mon âme et baiser ma bouche.

Avec le cœur du chêne et l'écorce du bouleau, avec le ciel, avec les océans.

Elle pourra se dénuder, je marcherai à ses côtés à travers le monde, dans la nuit, pour l'épouvante des veilleurs. Elle pourra me tuer, me piétiner ou mourir à mes pieds.

Car j'en aime une autre plus touchante qu'Isabelle la vague.

Avec le cœur du chêne et l'écorce du bouleau, avec le ciel, avec les océans, avec les pantoufles.

X. VIEILLE CLAMEUR

Une tige dépouillée dans ma main c'est le monde
La serrure se ferme sur l'ombre et l'ombre met son œil
    à la serrure
Et voilà que l'ombre se glisse dans la chambre
La belle amante que voila l'ombre plus charnelle que ne
    l'imagine perdu dans son blasphème le grand oiseau
    de fourrure blanche perché sur l'épaule de la belle
    de l'incomparable putain qui veille sur le sommeil
Le chemin se calme soudain en attendant la tempête
Un vert filet à papillon s'abat sur la bougie
Qui es-tu toi qui prends la flamme pour un insecte
Un étrange combat entre la gaze et le feu
C'est à vos genoux que je voudrais passer la nuit
C'est à tes genoux
De temps à autre sur ton front ténébreux et calme en
    dépit des apparitions nocturnes je remettrai en place
    une mèche de cheveux dérangée
Je surveillerai le lent balancement du temps et de ta
    respiration
Ce bouton je l'ai trouvé par terre
Il est en nacre
Et je cherche la boutonnière qui le perdit

Je sais qu'il manque un bouton à ton manteau
Au flanc de la montagne se flétrit l'edelweiss
L'edelweiss qui fleurit dans mon rêve et dans tes mains
   quand elles s'ouvrent

Salut de bon matin quand l'ivresse est commune quand
   le fleuve adolescent descend d'un pas nonchalant les
   escaliers de marbre colossaux avec son cortège de
   nuées blanches et d'orties
La plus belle nuée était un clair de lune récemment trans-
   formé et l'ortie la plus haute était couverte de dia-
   mants
Salut de bon matin à la fleur du charbon la vierge au
   grand cœur qui m'endormira ce soir
Salut de bon matin aux yeux de cristal aux yeux de
   lavande aux yeux de gypse aux yeux de calme plat
   aux yeux de sanglot aux yeux de tempête
Salut de bon matin salut
La flamme est dans mon cœur et le soleil dans le verre
Mais jamais plus hélas ne pourrons-nous dire encore
Salut de bon matin tous! crocodiles yeux de cristal orties
   vierge fleur du charbon vierge au grand cœur.

XI. LE SUICIDÉ DE NUIT

Les rameaux verts s'inclinent quand la libellule apparaît
   au détour du sentier
J'approche d'une pierre tombale plus transparente que
   la neige blanche comme le lait blanche comme la
   chaux blanche blanche comme les murailles
La libellule patauge dans les flaques de lait
L'armure de verre tremble frémit se met en marche
Les arcs-en-ciel se nouent à la Louis XV
Eh quoi? déjà le sol dérobé par notre route dresse la main
Se bat avec l'armure de verre
Sonne aux portes
Flotte dans l'air
Crie
Gémit pleure ah! ah! ah! ah! sillage tu meurs en ce bruit
   bleu rocher
Les grands morceaux d'éponges qui tombent du ciel
   recouvrent les cimetières
Le vin coule avec un bruit de tonnerre
Le lait le sol dérobé l'armure se battent sur l'herbe qui
   rougit et blanchit tour à tour
Le tonnerre et l'éclair et l'arc-en-ciel
Ah! sillage tu crevasses et tu chantes!

La petite fille s'en va à l'école en récitant sa leçon.

XII. POUR UN RÊVE DE JOUR

Le meurtre du douanier fut splendide avec le cerne bleu
des yeux et l'accent rauque des canards près de la
mare

Le meurtre fut splendide mais déjà le soleil se transfor-
mait en robe de crêpe

Filleule de l'ananas et portrait même des profondeurs
de la mer

Un cygne se couche sur l'herbe voici le poème des méta-
morphoses Le cygne qui devient boîte d'allumettes
et le phosphore en guise de cravate

Triste fin Métamorphose du silence en silence et chan-
son-verre du feu à Neuilly le dimanche éclair qui se
désole et rame à contre-courant du nord magné-
tique et si peu fait pour comprendre que jamais du
fond des consciences ténébreuses sortir en éclat d'ailes
et le fer se troubler si l'escalier se résorbe en pluie
sur l'étrange tissu marin que parfois les pêcheurs
ramènent dans leur filet de cheveux et d'écaille au

grand effroi des Peaux-Rouges du tumulus et du
signe fatal du chargé de découvrir l'heure et la vitesse
qui sanglote et palpite avec l'arrêt de la sonnerie
qui qui qui et qui?

Cueille cueille la rose et ne t'occupe pas de ton destin
cueille cueille la rose et la feuille de palmier et relève
les paupières de la jeune fille pour qu'elle te regarde
ÉTERNELLEMENT.

XIII. IL FAIT NUIT

Tu t'en iras quand tu voudras
Le lit se ferme et se délace avec délices comme un corset
    de velours noir
Et l'insecte brillant se pose sur l'oreiller
Éclate et rejoint le Noir
Le flot qui martèle arrive et se tait
Samoa la belle s'endort dans l'ouate
Clapier que fais-tu des drapeaux? tu les roules dans la
    boue
A la bonne étoile et au fond de toute boue
Le naufrage s'accentue sous la paupière
Je conte et décris le sommeil
Je recueille les flacons de la nuit et je les range sur une
    étagère
Le ramage de l'oiseau de bois se confond avec le bris des
    bouchons en forme de regard
N'y pas aller n'y pas mourir la joie est de trop
Un convive de plus à la table ronde dans la clairière de
    vert émeraude et de heaumes retentissants près d'un
    monceau d'épées et d'armures cabossées
Nerf en amoureuse lampe éteinte de la fin du jour
Je dors.

XIV. VIE D'ÉBÈNE

Un calme effrayant marquera ce jour
Et l'ombre des réverbères et des avertisseurs d'incendie
    fatiguera la lumière
Tout se taira les plus silencieux et les plus bavards
Enfin mourront les nourrissons braillards
Les remorqueurs les locomotives le vent
Glisser en silence
On entendra la grande voix qui venant de loin passera
    sur la ville
On l'attendra longtemps
Puis vers le soleil de milord
Quand la poussière les pierres et l'absence de larmes
    composent sur les grandes places désertes la robe
    du soleil
Enfin on entendra venir la voix
Elle grondera longtemps aux portes
Elle passera sur la ville arrachant les drapeaux et bri-
    sant les vitres
On l'entendra
Quel silence avant elle mais plus grand encore le silence
    qu'elle ne troublera pas mais qu'elle accusera du délit
    de mort prochaine qu'elle flétrira qu'elle dénoncera

O jour de malheurs et de joies
Le jour le jour prochain où la voix passera sur la ville
Une mouette fantomatique m'a dit qu'elle m'aimait
autant que je l'aime
Que ce grand silence terrible était mon amour
Que le vent qui portait la voix était la grande révolte
du monde
Et que la voix me serait favorable.

XV. DÉSESPOIR DU SOLEIL

Quel bruit étrange glissait le long de la rampe d'escalier
au bas de laquelle rêvait la pomme transparente.

Les vergers étaient clos et le sphinx bien loin de là s'éti-
rait dans le sable craquant de chaleur dans la nuit
de tissu fragile.

Ce bruit devait-il durer jusqu'à l'éveil des locataires ou
s'évader dans l'ombre du crépuscule matinal? Le
bruit persistait. Le sphinx aux aguets l'entendait
depuis des siècles et désirait l'éprouver. Aussi ne
faut-il pas s'étonner de voir la silhouette souple du
sphinx dans les ténèbres de l'escalier. Le fauve égra-
tignait de ses griffes les marches encaustiquées. Les
sonnettes devant chaque porte marquaient de lueurs
la cage de l'ascenseur et le bruit persistant sentant
venir celui qu'il attendait depuis des millions de
ténèbres s'attacha à la crinière et brusquement
l'ombre pâlit.

C'est le poème du matin qui commence tandis que dans
son lit tiède avec des cheveux dénoués rabattus sur
le visage et les draps plus froissés que ses paupières
la vagabonde attend l'instant où s'ouvrira sur un
paysage de résine et d'agate sa porte close encore
aux flots du ciel et de la nuit.

C'est le poème du jour où le sphinx se couche dans le lit de la vagabonde et malgré le bruit persistant lui jure un éternel amour digne de foi.

C'est le poème du jour qui commence dans la fumée odorante du chocolat et le monotone tac tac du cireur qui s'étonne de voir sur les marches de l'escalier les traces des griffes du voyageur de la nuit.

C'est le poème du jour qui commence avec des étincelles d'allumettes au grand effroi des pyramides surprises et tristes de ne plus voir leur majestueux compagnon couché à leurs pieds.

Mais le bruit quel était-il? Dites-le tandis que le poème du jour commence tandis que la vagabonde et le sphinx bien-aimé rêvent aux bouleversements de paysages.

Ce n'était pas le bruit de la pendule ni celui des pas ni celui du moulin à café.

Le bruit quel était-il? Quel était-il?

L'escalier s'enfoncera-t-il toujours plus avant? Montera-t-il toujours plus haut?

Rêvons acceptons de rêver c'est le poème du jour qui commence.

XVI. IDENTITÉ DES IMAGES

Je me bats avec fureur contre des animaux et des bou-
teilles
Depuis peu de temps peut-être dix heures sont passées
l'une après l'autre
La belle nageuse qui avait peur du corail ce matin
s'éveille
Le corail couronné de houx frappe à sa porte
Ah! encore le charbon toujours le charbon
Je t'en conjure charbon génie tutélaire du rêve et de ma
solitude laisse-moi laisse-moi parler encore de la
belle nageuse qui avait peur du corail
Ne tyrannise plus ce séduisant sujet de mes rêves
La belle nageuse reposait dans un lit de dentelles et
d'oiseaux
Les vêtements sur une chaise au pied du lit étaient illu-
minés par les lueurs les dernières lueurs du charbon
Celui-ci venu des profondeurs du ciel de la terre et de la
mer était fier de son bec de corail et de ses grandes
ailes de crêpe
Il avait toute la nuit suivi des enterrements divergents
vers des cimetières suburbains
Il avait assisté à des bals dans les ambassades marqué

de son empreinte une feuille de fougère des robes de
satin blanc

Il s'était dressé terrible à l'avant des navires et les navires
n'étaient pas revenus

Maintenant tapi dans la cheminée il guettait le réveil
de l'écume et le chant des bouilloires

Son pas retentissant avait troublé le silence des nuits
dans les rues aux pavés sonores

Charbon sonore charbon maître du rêve charbon

Ah dis-moi où est-elle cette belle nageuse cette nageuse
qui avait peur du corail?

Mais la nageuse elle-même s'est rendormie

Et je reste face à face avec le feu et je resterai la nuit
durant à interroger le charbon aux ailes de ténèbres
qui persiste à projeter sur mon chemin monotone
l'ombre de ses fumées et le reflet terrible de ses
braises

Charbon sonore charbon impitoyable charbon.

XVII. AU PETIT JOUR

Le schiste éclairera-t-il la nuit blanche du liège?
Nous nous perdrons dans le corridor de minuit avec la
    calme horreur du sanglot qui meurt
Accourez tous lézards fameux depuis l'antiquité plantes
    grimpantes carnivores digitales
Accourez lianes
Sifflet des révoltes
Accourez girafes
Je vous convie à un grand festin
Tel que la lumière des verres sera pareille à l'aurore
    boréale
Les ongles des femmes seront des cygnes étranglés
Pas très loin d'ici une herbe sèche sur le bord du chemin.

XVIII. TÉNÈBRES! O TÉNÈBRES!

Sycomore effréné fameuse division du temps fleur du
 silence animal ô rouge rouge et bleu rouge et jaune
 silice surgie du creux des mains des nuits et des
 plaines en de féroces exclamations du regard prune
 éclat de vitre et d'aisselle acrobate ou des tours dres-
 sées du fin fond des abîmes à la voix qui dit je l'adore.
Salut c'est plus dur que le marbre et plus éclatant que
 la terre meuble et plus majestueux ô nuage que le
 rossignol du palissandre et de l'effroi.
Orgie du métal et des cloques de crapaud je parle et du
 ciel je l'entends et du soleil je l'imagine.
Taisons-nous mes amis devant les grands abîmes du clos
 de la veuve en crêpe de Chine. Si tu veux lui obéir
 en fin de mer et de nuit par les draps de lin blanc
 que j'atteste et nous avons connu nos draps blancs
 les premiers.
Féroce et lui de dire à la cigogne et au serpent : « Sur-
 gissez à minuit juste dans le lait et dans les yeux. »
Si tu l'abandonnes auprès d'un réverbère que les fleurs
 seront belles en cornets de bonbons.
Je désire et tu ordonnes et meurent les cricris sauvages
 dans les colliers d'ambre avec une pluie d'étincelles

et de flottement d'étoffe à peine tu l'as su mais tu
l'as deviné.
Litre brisé fleur pliante et comme elle avait de beaux
yeux et de belles mains du volcan qui le coulisse
ah! crevez donc un homard de lentille microsco-
pique évoluant dans un ciel sans nuage ne rencontrera-
t-il jamais une comète ni un corbeau?
Tes yeux tes yeux si beaux sont les voraces de l'obscu-
rité du silence et de l'oubli.

XIX. PAROLES DES ROCHERS

La reine de l'azur et le fou du vide passent dans un cab
A chaque fenêtre s'accoudent les chevelures
Et les chevelures disent : « A bientôt! »
« A bientôt! » disent les méduses
« A bientôt! » disent les soies
Disent les nacres disent les perles disent les diamants
A bientôt une nuit des nuits sans lune et sans étoile
Une nuit de tous les littorals et de toutes les forêts
Une nuit de tout amour et de toute éternité
Une vitre se fend à la fenêtre guettée
Une étoffe claque sur la campagne tragique
Tu seras seul
Parmi les débris de nacre et les diamants carbonisés
Les perles mortes
Seul parmi les soies qui auront été des robes vidées à
    ton approche
Parmi les sillages de méduses enfuies quand ton regard
    s'est levé
Seules peut-être les chevelures ne fuiront pas
T'obéiront
Fléchiront dans tes doigts comme d'irrévocables condam-
    nations

Chevelures courtes des filles qui m'aimèrent
Chevelures longues des femmes qui m'aimèrent
Et que je n'aimai pas
Restez longtemps aux fenêtres chevelures!
Une nuit de toutes les nuits du littoral
Une nuit de lustre et de funérailles
Un escalier se déroule sous mes pas et la nuit et le jour
    ne révèlent à mon destin que ténèbres et échecs
L'immense colonne de marbre le doute soutient seule le
    ciel sur ma tête
Les bouteilles vides dont j'écrase le verre en tessons écla-
    tants
Le parfum du liège abandonné par la mer
Les filets des bateaux imaginés par les petites filles
Les débris de la nacre qui se pulvérise lentement
Un soir de tous les soirs d'amour et d'éternité
L'infini profond douleur désir poésie amour révélation
    miracle révolution amour l'infini profond m'enve-
    loppe de ténèbres bavardes
Les infinis éternels se brisent en tessons ô chevelures!
C'était ce sera une nuit des nuits sans lune ni perle
Sans même de bouteilles brisées.

XX. DANS BIEN LONGTEMPS

Dans bien longtemps je suis passé par le château des feuilles

Elles jaunissaient lentement dans la mousse

Et loin les coquillages s'accrochaient désespérément aux rochers de la mer

Ton souvenir ou plutôt ta tendre présence était à la même place

Présence transparente et la mienne

Rien n'avait changé mais tout avait vieilli en même temps que mes tempes et mes yeux

N'aimez-vous pas ce lieu commun? laissez-moi laissez-moi c'est si rare cette ironique satisfaction

Tout avait vieilli sauf ta présence

Dans bien longtemps je suis passé par la marée du jour solitaire

Les flots étaient toujours illusoires

La carcasse du navire naufragé que tu connais — tu te rappelles cette nuit de tempête et de baisers? — était-ce un navire naufragé ou un délicat chapeau de femme roulé par le vent dans la pluie du printemps? — était à la même place

Et puis foutaise larirette dansons parmi les prunelliers!

Les apéritifs avaient changé de nom et de couleur
Les arcs-en-ciel qui servent de cadre aux glaces

Dans bien longtemps tu m'as aimé.

XXI. JAMAIS D'AUTRE QUE TOI

Jamais d'autre que toi en dépit des étoiles et des solitudes
En dépit des mutilations d'arbre à la tombée de la nuit
Jamais d'autre que toi ne poursuivra son chemin qui est
   le mien
Plus tu t'éloignes et plus ton ombre s'agrandit
Jamais d'autre que toi ne saluera la mer à l'aube quand
   fatigué d'errer moi sorti des forêts ténébreuses et
   des buissons d'orties je marcherai vers l'écume
Jamais d'autre que toi ne posera sa main sur mon front
   et mes yeux
Jamais d'autre que toi et je nie le mensonge et l'infidélité
Ce navire à l'ancre tu peux couper sa corde
Jamais d'autre que toi
L'aigle prisonnier dans une cage ronge lentement les
   barreaux de cuivre vert-de-grisés
Quelle évasion!
C'est le dimanche marqué par le chant des rossignols
   dans les bois d'un vert tendre l'ennui des petites
   filles en présence d'une cage où s'agite un serin
   tandis que dans la rue solitaire le soleil lentement
   déplace sa ligne mince sur le trottoir chaud
Nous passerons d'autres lignes

Jamais jamais d'autre que toi
Et moi seul seul seul comme le lierre fané des jardins
   de banlieue seul comme le verre
Et toi jamais d'autre que toi.

XXII. PASSÉ LE PONT

La porte se ferme sur l'idole de plomb
Rien désormais ne peut signaler à l'attention publique
cette maison isolée
Seule l'eau peut-être se doutera de quelque chose
Les clairs matins d'automne la corde au cou plongent
dans la rivière
Le myosotis petit chien de Syracuse n'appellera jamais
plus la fermière aux yeux pers de son cri de mauvais
augure
Du temps de Philippe le Bel à travers les forêts de
cristal un grand cri vient battre les murs recouverts de
lierre
La porte se ferme
Taisez-vous ah taisez-vous laissez dormir l'eau froide
au bas de son sommeil
Laissez les poissons s'enfoncer vers les étoiles
Le vent du canapé géant sur lequel reposent les mur-
mures le vent sinistre des métamorphoses se lève
Mort aux dents mort à la voile blanche mort à la cime
éternelle
Laissez-la dormir vous dis-je laissez-la dormir ou bien
j'affirme que des abîmes se creuseront

Que tout sera désormais fini entre la mousse et le cercueil
Je n'ai pas dit cela
Je n'ai rien dit
Qu'ai-je dit?
Laissez laissez-la dormir
Laissez les grands chênes autour de son lit
Ne chassez pas de sa chambre cette humble pâquerette
    à demi effacée
Laissez laissez-la dormir.

XXIII. EN SURSAUT

Sur la route en revenant des sommets rencontré par
  les corbeaux et les châtaignes
Salué la jalousie et la pâle flatteuse
Le désastre enfin le désastre annoncé
Pourquoi pâlir pourquoi frémir?
Salué la jalousie et le règne animal avec la fatigue avec
  le désordre avec la jalousie
Un voile qui se déploie au-dessus des têtes nues
Je n'ai jamais parlé de mon rêve de paille
Mais où sont partis les arbres solitaires du théâtre
Je ne sais où je vais j'ai des feuilles dans les mains j'ai
  des feuilles dans la bouche
Je ne sais si mes yeux se sont clos cette nuit sur les
  ténèbres précieuses ou sur un fleuve d'or et de flamme
Est-il le jour des rencontres et des poursuites
J'ai des feuilles dans les mains j'ai des feuilles dans la
  bouche.

XXIV. DE LA ROSE DE MARBRE
A LA ROSE DE FER

La rose de marbre immense et blanche était seule sur
la place déserte où les ombres se prolongeaient à
l'infini. Et la rose de marbre seule sous le soleil et
les étoiles était reine de la solitude. Et sans parfum
la rose de marbre sur sa tige rigide au sommet du
piédestal de granit ruisselait de tous les flots du ciel.
La lune s'arrêtait pensive en son cœur glacial et les
déesses des jardins les déesses de marbre à ses pétales
venaient éprouver leurs seins froids.

La rose de verre résonnait à tous les bruits du littoral.
Il n'était pas un sanglot de vague brisée qui ne la
fît vibrer. Autour de sa tige fragile et de son cœur
transparent des arcs-en-ciel tournaient avec les
astres. La pluie glissait en boules délicates sur ses
feuilles que parfois le vent faisait gémir à l'effroi
des ruisseaux et des vers luisants.

La rose de charbon était un phénix nègre que la poudre
transformait en rose de feu. Mais sans cesse issue
des corridors ténébreux de la mine où les mineurs
la recueillaient avec respect pour la transporter au
jour dans sa gangue d'anthracite la rose de charbon
veillait aux portes du désert.

La rose de papier buvard saignait parfois au crépuscule quand le soir à son pied venait s'agenouiller. La rose de buvard gardienne de tous les secrets et mauvaise conseillère saignait un sang plus épais que l'écume de mer et qui n'était pas le sien.

La rose de nuages apparaissait sur les villes maudites à l'heure des éruptions de volcans à l'heure des incendies à l'heure des émeutes et au-dessus de Paris quand la Commune y mêla les veines irisées du pétrole et l'odeur de la poudre. Elle fut belle au 21 janvier belle au mois d'octobre dans le vent froid des steppes belle en 1905 à l'heure des miracles à l'heure de l'amour.

La rose de bois présidait aux gibets. Elle fleurissait au plus haut de la guillotine puis dormait dans la mousse à l'ombre immense des champignons.

La rose de fer avait été battue durant des siècles par des forgerons d'éclairs. Chacune de ses feuilles était grande comme un ciel inconnu. Au moindre choc elle rendait le bruit du tonnerre. Mais qu'elle était douce aux amoureuses désespérées la rose de fer.

La rose de marbre la rose de verre la rose de charbon la rose de papier buvard la rose de nuages la rose de bois la rose de fer refleuriront toujours mais aujourd'hui elles sont effeuillées sur ton tapis.

Qui es-tu? toi qui écrases sous tes pieds nus les débris fugitifs de la rose de marbre de la rose de verre de la rose de charbon de la rose de papier buvard de la rose de nuages de la rose de bois de la rose de fer.

Sirène-Anémone

Qui donc pourrait me voir
Moi la flamme étrangère
L'anémone du soir
Fleurit sous mes fougères

O fougères mes mains
Hors l'armure brisée
Sur le bord des chemins
En ordre sont dressées

Et la nuit s'exagère
Au brasier de la rouille
Tandis que les fougères
Vont aux écrins de houille

L'anémone des cieux
Fleurit sur mes parterres
Fleurit encore aux yeux
A l'ombre des paupières

Anémone des nuits
Qui plonge ses racines

Dans l'eau creuse des puits
Aux ténèbres des mines

Poseraient-ils leurs pieds
Sur le chemin sonore
Où se niche l'acier
Aux ailes de phosphore

Verraient-ils les mineurs
Constellés d'anthracite
Paraître l'astre en fleur
Dans un ciel en faillite

En cet astre qui luit
S'incarne la sirène
L'anémone des nuits
Fleurit sur son domaine

Alors que s'ébranlaient avec des cris d'orage
Les puissances Vertige au verger des éclairs
La sirène dardée à la proue d'un sillage
Vers la lune chanta la romance de fer

Sa nage déchirait l'hermine des marées
Et la comète errant rouge sur un ciel noir
Paraissait par mirage aux étoiles ancrées
L'anémone fleurie aux jardins des miroirs

Et parallèlement la double chevelure
Rayait de feu le ciel et d'écume les eaux
Fougères surgissez hors de la déchirure
Par où l'acier saigna sur le fil des roseaux

Nulle armure jamais ne valut votre angoisse
Fougères pourrissant parmi nos souvenirs
Mais vous charbonnerez longtemps sous nos cuirasses
Avant la flamme où se cabrant pour mieux hennir

Le cheval vieux cheval de retour et de rêve
Vers les champs clos emportera nos ossements
Avant l'onde roulant notre cœur sur la grève
Où la sirène dort sous un soleil clément

L'anémone fleurit partout sous les carènes
Déchirées aux récifs dans l'herbe des forêts
Dans le tain des miroirs sur les parquets d'ébène
Et surtout dans nos cœurs palpitant sans arrêt

C'est le joyau serti au vif des nébuleuses
L'orgueil des voies lactées et des constellations
La prunelle qui met au regard des plus gueuses
Le diamant de fureur et de consolation

Heureuse de nager loin des hauts promontoires
Parmi les escadrons de requins fraternels
La sirène aux seins durs connaît maintes histoires
Et l'accès des trésors à l'ombre des tunnels

Mais ni l'or reluisant dans les fosses marines
Ni les clefs retrouvées des légendes du port
Ne la charment autant que d'ouvrir les narines
Aux vents salés plus lourds des parfums de la mort

C'était par un soir de printemps d'une des années per-
    dues à l'amour
D'une des années gagnées à l'amour pour jamais

Souviens-toi de ce soir de pluie et de rosée où les étoiles
    devenues comètes tombaient vers la terre
La plus belle et la plus fatale la comète de destin de
    larmes et d'éternels égarements
S'éloignait de mon ciel en se reflétant dans la mer
Tu naquis de ce mirage
Mais tu t'éloignas avec la comète et ta chanson s'étei-
    gnit parmi les échos
Devait-elle ta chanson s'éteindre pour jamais
Est-elle morte et dois-je la chercher dans le chœur
    tumultueux des vagues qui se brisent
Ou bien renaîtra-t-elle du fond des échos et des embruns
Quand à jamais la comète sera perdue dans les espaces
Surgiras-tu mirage de chair et d'os hors de ton désert
    de ténèbres
Souviens-toi de ce paysage de minuit de basalte et de
    granit
Où détachée du ciel une chevelure rayonnante s'abattit
    sur tes épaules
Quelle rayonnante chevelure de sillage et de lumière
Ce n'est pas en vain que tremblent dans la nuit les robes
    de soie
Elles échouent sur les rivages venant des profondeurs
Vestiges d'amours et de naufrages où l'anémone refuse
    de s'effeuiller
De céder à la volonté des flots et des destins végétaux
A petits pas la solitaire gagne alors un refuge de haut
    parage
Et dit qu'il est mille regrets à l'horloge
Non ce n'est pas en vain que palpitent ces robes mouillées
Le sel s'y cristallise en fleurs de givre
Vidées des corps des amoureuses
Et des mains qui les enlaçaient

Elles s'enfuient des gouffres tubéreuses
Laissant aux mains malhabiles qui les laçaient
Les cuirasses d'acier et les corsets de satin
N'ont-elles pas senti la rayonnante chevelure d'astres
Qui par une nuit de rosée tomba en cataractes sur tes
   épaules
Je l'ai vue tomber
Tu te transfiguras
Reviendras-tu jamais des ténèbres
Nue et plus triomphante au retour de ton voyage
Que l'enveloppe scellée par cinq plaies de cire sanglante
O les mille regrets n'en finiront jamais
D'occuper cette horloge dans la clairière voisine
Tes cheveux de sargasse se perdent
Dans la plaine immense des rendez-vous manqués

Sans bruit au port désert arrivent les rameurs
Qui donc pourrait te voir toi l'amante et la mère
Incliner à minuit sur le front du dormeur
L'anémone du soir fleurie sous tes paupières

Baiser sa bouche close et baiser ses yeux clos
Incliner sur son front l'immense chevelure
Bérénice de l'ombre ah! retourne à tes flots
Sirène avant que l'aube ouvre ses déchirures

Une steppe naîtra de l'écume atlantique
Du clair de lune et de la neige et du charbon
Où nous emportera la licorne magique
Vers l'anémone éclose au sein des tourbillons

Tempête de suie nuage en forme de cheval
Ah malheur! Sacré nom de Dieu! La nuit naufrage
La nuit? Voici sonner les grelots! Carnaval
Ferme l'œil! En vérité le bel équipage

Et dans ce ciel suitant des barriques des docks
Soudain brusquement s'interrompent les rafales
Quand la sirène avec l'aurore atteint les rocs
L'anémone du ciel est la fleur triomphale

C'est elle qui dressée au-dessus des volcans
Jette une lueur blafarde à travers la campagne
C'est l'aile du vautour le cri du pélican
C'est le plan d'évasion qui fait sortir du bagne

C'est le reflet qui tremble aux vitres des maisons
Le sang coagulé sur les draps mortuaires
C'est un voile de deuil pourri sur le gazon
C'est la robe de bal découpée dans un suaire

C'est l'anathème et c'est l'insulte et le juron
C'est le tombeau violé les morts à la voirie
La vérole promise à trois générations
Et c'est le vitriol jeté sur les soieries

C'est le bordel du Christ le tonnerre de Brest
C'est le crachat le geste obscène vers la vierge
C'est un peuple nouveau apparaissant à l'est
C'est le poignard c'est le poison ce sont les verges

C'est l'inverti qui se soumet et s'agenouille
Le masochiste qui se livre au martinet

Le scatophage hideux au masque de gargouille
Et la putain furonculeuse aux yeux punais

C'est l'étreinte écœurante avec la femme à barbe
C'est le ciel reflété par un œil de lépreux
C'est le châtré qui se dénude sous les arbres
Et l'amateur d'urine au sourire visqueux

C'est l'empire des sens anémone l'ivresse
Et le sulfure et la saveur d'un sang chéri
La légitimité de toutes les caresses
Et la mort délicieuse entre des bras flétris

Pluie d'étoiles tombez parmi les chevelures
Je veux un ciel tout nu sur un globe désert
Où des brouillards mettront une robe de bure
Aux mortes adorées pourrissant hors de terre

Adieu déjà parmi les heures de porcelaine
Regardez le jour noircit au feu qui s'allume dans l'âtre
Regardez encore s'éloigner les herbes vivantes
Et les femmes effeuillant la marguerite du silence
Adieu dans la boue noire des gares
Dans les empreintes des mains sur les murs
Chaque fois qu'une marche d'escalier s'écroule un
    timide enfant paraît à la fenêtre mansardée
Ce n'est plus dit-il le temps des parcs feuillus
J'écrase sans cesse des larves sous mes pas
Adieu dans le claquement des voiles
Adieu dans le bruit monotone des moteurs
Adieu ô papillons écrasés dans les portes
Adieu vêtements souillés par les jours à trotte-menu

Perdus à jamais dans les ombres des corridors
Nous t'appelons du fond des échos de la terre
Sinistre bienfaiteur anémone de lumière et d'or
Et que brisé en mille volutes de mercure
Éclate en braises nouvelles à jamais incandescentes
L'amour miroir qui sept ans fleurit dans ses fêlures
Et cire l'escalier de la sinistre descente
Abîme nous t'appelons du fond des échos de la terre
Maîtresse généreuse de la lumière de l'or et de la chute
Dans l'écume de la mort et celle des Finistères
Balançant le corps souple des amoureuses
Dans les courants marqués d'initiales illisibles
Maîtresse sinistre et bienfaisante de la perte éternelle
Ange d'anthracite et de bitume
Claire profondeur des rades mythologie des tempêtes
Eau purulente des fleuves eau lustrale des pluies et
    des rosées
Créature sanglante et végétale des marées

Du marteau sur l'enclume au couteau de l'assassin
Tout ce que tu brises est étoile et diamant
Ange d'anthracite et de bitume
Éclat du noir orfraie des vitrines
Des fumées lourdes te pavoisent quand tu poses les pieds
Sur les cristaux de neige qui recouvrent les toits

Haletants de mille journaux flambant après une nuit
    d'encre fraîche
Les grands mannequins écorchés par l'orage
Nous montrent ce chemin par où nul n'est venu

Où donc est l'oreiller pour mon front fatigué
Où donc sont les baisers où donc sont les caresses
Pour consoler un cœur qui s'est trop prodigué
Où donc est mon enfant ma fleur et ma détresse

Me pardonnant si des brouillards bandent mes yeux
Si j'ai l'air d'être ailleurs si j'ai l'air d'être un autre
Me pardonnant de croire au noir au merveilleux
D'avoir des souvenirs qui ne soient pas les nôtres

Pardonnant mon passé mon cœur mes cicatrices
D'avoir parcouru seul d'émouvantes contrées
D'avoir été tenté par des voix tentatrices
Et de ne pas l'avoir plus vite rencontrée

Saurait-elle oublier mes rêves d'autrefois
Les fortunes perdues et les larmes versées
L'étoile sans merci brillant au fond des bois
Et les désirs meurtris en des nuits insensées

Et ces phrases tordues comme notre amour même
Et que je murmurais lorsque minuit blafard
Posait ses maigres doigts sur des visages blêmes
Séchant les yeux mouillés et barbouillant les fards

Dans ces temps-là le ciel était lourd de ténèbres
Le sonore minuit conduisait vers mon lit
Des visiteuses sans pitié et plus funèbre
Que la mort l'anémone évoquait la folie

Les fleurs qui s'effeuillaient sur les fruits de l'automne
Laissèrent leurs parfums aux fleurs des compotiers

Et sur le fût tronqué des anciennes colonnes
Le sel des vents marins mit des lueurs de glaciers

Et longtemps ces parfums orgueil des porcelaines
Flotteront dans la paix des salles à manger
Et les cristaux de sel brilleront dans la laine
Des grands manteaux flottants que portent les bergers

Mes baisers rejoindront les larmes qui vont naître
Ils rejoindront la solitude sans pitié
Les vents marins soufflant sur les chaumes sans maîtres
Et les parfums mourants au fond des compotiers

Je suis marqué par mes amours et pour la vie
Comme un cheval sauvage échappé aux gauchos
Qui retrouvant la liberté de la prairie
Montre aux juments ses poils brûlés par le fer chaud

Tandis qu'au large avec de grands gestes virils
La sirène chantant vers un ciel de carbone
Au milieu des récifs éventreurs de barils
Au cœur des tourbillons fait surgir l'anémone.

(1929)

L'aveugle

Les yeux clos elle allait dans un pays de nacre
Où la vie assumait la forme d'un croissant
C'était un jour de foire et les jeux de massacre
Retentissaient du rire et des cris des passants

Dans l'eau de l'océan les mines englouties
Recelaient des échos en place de trésors
Les ouvriers lâchant le manche des outils
Incendiaient les forêts et la nouvelle aurore

Répandue à grands flots se brisait aux murailles
La terre tressaillait à l'appel des volcans
Les sorciers découvraient dans le corps des volailles
Le mirage du ciel et d'impurs talismans

Chaque nuit éclairée par les aérolithes
Se déchirait sinistre avec un bruit d'accroc
Et les loups en hurlant surgissaient de leurs gîtes
Pour sceller les cailloux des marques de leurs crocs

Sans souci j'ai suivi le chemin de l'aveugle
Ses pieds trébuchaient sur les dalles des perrons

Mais ses doigts déchiffraient les mufles et les gueules
Des fauves effrayés par le bruit des clairons

Sa bouche ne savait ni chanson ni prière
Ses seins qu'avaient mordus d'anonymes amants
Saillaient sous le corsage et sous ses deux paupières
Deux miroirs reflétaient son attendrissement

Il fleurissait dans l'ombre en roses phosphoriques
Dans un parc de granit de flamme et de métal
Où jamais le refrain grotesque des cantiques
Ne troubla le silence immobile et fatal

Je n'oublierai jamais le docteur imbécile
Qui l'ayant délivrée des nuits de cécité
Mourut en attendant avec un cœur tranquille
Qu'un archange joufflu vînt l'en féliciter

Mais avant d'évoquer au fond de ses prunelles
Un paysage absurde avec ses monuments
Le fer heurtant le fer en crachats d'étincelles
Et les menteurs levant la main pour les serments

Soyez bénis dit-elle au granit de son rêve
Soyez bénis dit-elle aux reflets des cristaux
Le voyage à bon port en cet instant s'achève
Au pied du sémaphore à l'ombre des signaux

Mais aujourd'hui n'est pas mon jour de délivrance
Ce n'est pas moi qu'on rend aux soirs et aux matins
Le rêve prisonnier de mon esprit s'élance
Comme un beau patineur chaussé de ses patins

La terre connaîtra mes cités ténébreuses
Mes spectres minéraux mon cœur sans dimension
Les lilas effeuillés la mort des tubéreuses
La danse que Don Juan et moi-même dansions

Que tous ferment les yeux au temps où mes yeux
  s'ouvrent
S'il n'est pas tout à moi que me fait l'univers
Avec ses Wesminsters ses Kremlins et ses Louvres
Que m'importe l'amour si mon amant voit clair

Et ce soir célébrant notre mariage atroce
Je plongerai l'acier dans ses yeux adorés
Que mon premier baiser soit un baiser féroce
Et puis je guiderai ses pas mal assurés

Je finirai ma vie en veillant sur sa vie
Je le protégerai des maux et des dangers
Je couvrirai son corps contre l'intempérie
Et je prendrai la lettre aux mains du messager

Je lirai l'heure ardente au cadran de l'horloge
J'aurai pour lui des soins hideux et maternels
Je serai l'infirmière à qui vont les éloges
La maîtresse impérieuse aux ordres sans appel

Le soir qu'éclaboussaient les étoiles filantes
Se déplia comme un serpent sur les pays
Chaque fleur à son tour a fleuri sur les plantes
Et puis voici la mort qui n'a jamais failli

Lits éventrés nuit éternelle éclair des crimes
Incendie allumé dans la maison des fous
Voici venir l'amour du fin fond des abîmes
Voici venir l'amour lampes éteignez-vous!

(16 août 1929)

Mouchoirs au nadir

Comme l'espace entre eux devenait plus opaque
Le signe des mouchoirs disparut pour jamais
Eux c'était une amante aux carillons de Pâques
Qui revenait de Rome et que l'onde animait

Eux c'était un amant qui partait vers la nuit
Érigée sur la route au seuil des capitales
Eux c'était la rivière et le miroir qui fuit
La porte du sépulcre et le cœur du crotale

Combien d'oiseaux combien d'échos combien de flammes
Se sont unis au fond des lits de cauchemars
Combien de matelots ont-ils brisé leurs rames
En les trempant dans l'eau hantée par les calmars

Combien d'appels perdus à travers les déserts
Avant de se briser aux portes de la ville
Combien de prêtres morts pendus à leurs rosaires
Combien de trahisons dans les guerres civiles

Le signe des mouchoirs qui se perd dans les nuages
Aux ailes des oiseaux fait ressembler le lin

Les filles à minuit contemplent son image
Vol de mouette apparue dans le miroir sans tain

Les avirons ne heurtent plus les flots du port
Les cloches vendredi ne partent plus pour Rome
Tout s'est tu puisqu'un soir l'au revoir et la mort
Ont échangé le sel et le vin et la pomme

Les astres sont éteints au zénith qui les porte
O Zénith ô Nadir ô ciel tous les chemins
Conduisent à l'amour marqué sur chaque porte
Conduisent à la mort marquée dans chaque main

O Nadir je connais tes parcs et ton palais
Je connais ton parfum tes fleurs tes créatures
Tes sentiers de vertige où passent les mulets
Du ciel les nuages blancs du soir à l'aventure

O Nadir dans ton lit de torrent et cascades
Le négatif de celle aimée la seule au ciel
Se baigne et des troupeaux lumineux de dorades
Paissent l'azur sous les arceaux de l'arc-en-ciel

Ni vierge ni déesse et posant ses deux pieds
Sur le croissant de lune et l'anneau des planètes
Dans le ronronnement de tes rouages d'acier
Hors du champ tumultueux fouillé par les lunettes

Vieux Nadir ô pavé au col pur des amantes
Est-ce dans ta volière au parc des étincelles
Qu'aboutissent les vols de mouchoirs et la menthe
L'herbe d'oubli dans tes gazons resplendit-elle?

De silex et de feu

Éraillé béant abritant peste et démence
Il arrive il pénètre au port le paquebot
Hors de son flanc comme l'intestin d'une panse
La cargaison étonnement des cachalots
Est partie à la dérive au sommet du mât
Flotte un pavillon noir Écartez-vous voilures
Tout l'équipage mort moisit dans les hamacs
Proie de l'épidémie aux yeux de pourriture
Sur l'épaule inclinant le manche de sa faux
Tout à l'heure à midi des bureaux sanitaires
L'épouvante danseuse étique aux bijoux faux
Paraîtra saluée par les cris des fonctionnaires
Déjà le feu pétille il est trop tard trop tard
Le ciel contemple les gestes des sémaphores
Cependant que le flot ronge le coaltar
Au flanc des bâtiments Qu'apparaisse l'aurore
Où les ancres levées aux sanglots des sirènes
Tous ces bateaux prendront la mer en liberté
Qu'ils soient croiseurs chaluts ou trafiquants d'ébène
Ou frégate fantôme aux ordres d'Astarté
Mais je crains qu'à leurs proues les moules par milliers
Ne se fixent avant leur départ vers les rades

Où l'anneau les attend aux pierres des piliers
Où l'on boit le tafia avec les camarades
Que m'importe après tout le sort des matelots
Qu'ils crèvent que le port durant dix quarantaines
Soit affamé tant pis pour le méli-mélo
Tant pis pour les marins et pour les capitaines
Mais au gré des courants flotte la cargaison
La vague la balance et le cap la repousse
La glace et le soleil au gré de la saison
Font péter les caissons où s'accroche la mousse
Où flottent maintenant le poivre et la cannelle
Le café la confiture et les bois précieux
Où sont les essences de fleurs et les flanelles
Les barriques de vin la soie brodée de dieux
Quels poissons ont mangé les viandes et le pain
Et les médicaments et les clous de girofle
La saumure a rempli la gourde des copains
Des épaves se sont échouées au bord des golfes
Mais là n'est pas la mer avec tous ses cadavres
Avec ses tourbillons ses huiles et ses laines
Ses continents déserts ses récifs et ses havres
Ses poissons ses oiseaux ses vents et ses baleines
Non ce n'est pas la mer ni l'eau ni le ressac
Ni l'horizon que brise une explosion d'étoiles
Ni même un naufrageur qui repêche des sacs
Ni la reprise mystérieuse sur la voile

La mer ce n'est pas même un miroir sans visage
Un terme de comparaison pour les rêveurs
Un sujet de pensées pour l'engeance des sages
Pas même un lavoir propre à noyer les laveurs

Ce n'est pas un grimoire où dorment des secrets
Une mine à trésor une femme amoureuse
Une tombe où cacher la haine et les regrets
Une coupe où vider l'Amazone et la Meuse

Non la mer c'est la nuit qui dort pendant le jour
C'est un écrin pillé c'est une horloge brève
Non pas même cela ni la mort ni l'amour
La mer n'existe pas car la mer n'est qu'un rêve

Et moi qui l'appelais à l'assaut de la digue
Je reste au pied des rocs jonchés de goémon
Tandis que le soleil ouvert comme une figue
Saigne sur les tourteaux errant dans le limon

Jamais plus la tempête en sapant les falaises
N'abîmera la ville d'Ys les icebergs
Ne dériveront plus à moins qu'il ne me plaise
De recréer les flots les voiles et les vergues

Déjà sentant la mort et la teinture d'iode
Dans la putréfaction qui comblera les mares
Une flore nouvelle apparaît comme une ode
Vers le ciel impalpable où s'éteignent les phares

De Marenne à Cancale
Y a un long chemin
L'ai fait à fond de cale
Sur un lit de jasmin

De Marenne à Cancale
Y a de bons marins

Des solides des mâles
Et cinq doigts à leurs mains

De Marenne à Cancale
Y a du sable fin
Y a du vent qui hâle
La gueule des gamins

De Marenne à Cancale
Y a morts et vivants
Des moribonds qui râlent
Du soleil et du vent

De Marenne à Cancale
On boit beaucoup de vin
Qui donc qui nous régale
Tout le long du chemin

De Marenne à Cancale
Vogue un fameux lapin
Un fier luron sans gale
Qui saoula les marins

Où donc est ma négresse
Dit le premier marin
On fit avec sa graisse
Quatre grands cierges fins

Découpée charcutée
On l'a mise en un four
Les moines l'ont mangée
Pendant quarante jours

Où donc est ma gonzesse
Dit le second marin
L'est encore à la messe
A prier tous les saints

Je lui ferai connaître
Mon saint Jean mon saint Louis
Car suis-je ou non le maître
Dans ce sacré boui-boui

Où donc le gui Madame
Dit le dernier marin
Qui n'avait pas de femme
Et pas de bague aux mains

Le gui le gui silence
Vous reviendrez un jour
A l'heure de la danse
Chanter au gui l'amour

J'étais aveugle et je croyais qu'il faisait nuit
Est-ce bien toi que je nommais la ténébreuse
O nuit sonore et lumineuse quand s'enfuit
L'aigle du cauchemar aimé des nébuleuses

Byron voyageant en Espagne
Habita longtemps à Tolède
Il y rêvait dans la campagne
Aux plus belles et aux plus laides
Il y fut aimé d'une folle
Il fut aimé d'une Espagnole

Il fut aimé d'une Espagnole
La plus belle de la cité
Mais près du lord la tendre folle
Sentait son cœur la tourmenter
Elle mourut d'amour la belle
Comme on fermait la citadelle

Comme on fermait la citadelle
On l'emporta dans son linceul
Et le lord en rêvant aux belles
Derrière elle marchait tout seul
Le long des rues le peuple en foule
Regardait passer la dépouille

Regardaient passer la dépouille
Les lanceurs de malédictions
Et les bigots au cœur de rouille
Et les traîtres à leurs passions
Mais le lord alors sans mot dire
Marcha vers l'insulte et les rires

Marcha vers l'insulte et les rires
Le lord aux yeux lourds d'océans
Devant lui reculaient les sbires
Les toreros les paysans
Il arriva devant les femmes
Les Pepitas aux lourdes mammes

Les Pepitas aux lourdes mammes
Les gitanes aux noirs cheveux
Les chanteuses les grandes dames
Devant lui baissèrent les yeux

Parvint devant les demoiselles
Bravo Toro! dit la plus belle

Bravo Toro! dit la plus belle
Voici mon cœur voici mon corps
Et voici mon amour fidèle
Mes baisers et mes boucles d'or
Byron fut aimé par deux folles
Fut aimé par deux Espagnoles

Est-ce bien toi que je nommais la ténébreuse
Avec tes grands flambeaux brûlant au pied des monts
Avec tes rues et tes parvis et fabuleuse
La dame de minuit l'amoureuse sans nom

Son corps qu'eût dessiné en reliant des étoiles
Sur la carte du ciel dans les constellations
Un astronome de jadis son corps sans voile
Est de ceux pour lesquels s'affrontaient les nations

Dans les vergers du ciel faisant sa promenade
Aux arbres sidéraux elle cueille les fruits
Tandis que les soleils dressés en colonnades
Sous leurs piliers de feu la voient marcher sans bruit

Et le ciel à son tour relégué dans les fables
Retrouve l'océan que je nie à jamais
Les lunes en cristal s'échoueront sur le sable
Où gît l'épave avec ses morts et ses agrès

La peste les marins les étoiles les flots
Les récifs et le bateau fantôme et la peste

La voie lactée et les yeux miteux des hublots
S'enliseront avec les statues au beau geste

Quelle nuit en effet valut nos yeux fermés
Quand visitant les jardins d'or de nos prunelles
Nous écoutions monter l'océan alarmé
Le flux de notre sang battant pour les cruelles.

(1929)

Le poème à Florence

Comme un aveugle s'en allant vers les frontières
Dans les bruits de la ville assaillie par le soir
Appuie obstinément aux vitres des portières
Ses yeux qui ne voient pas vers l'aile des mouchoirs

Comme ce rail brillant dans l'ombre sous les arbres
Comme un reflet d'éclair dans les yeux des amants
Comme un couteau brisé sur un sexe de marbre
Comme un législateur parlant à des déments

Une flamme a jailli pour perpétuer Florence
Non pas celle qui haute au détour d'un chemin
Porta jusqu'à la lune un appel de souffrance
Mais celle qui flambait au bûcher quand les mains

Dressées comme cinq branches d'une étoile opaque
Attestaient que demain surgirait d'aujourd'hui
Mais celle qui flambait au chemin de saint Jacques
Quand la déesse nue vers le nadir a fui

Mais celle qui flambait aux parois de ma gorge
Quand fugitive et pure image de l'amour

Tu surgis tu partis et que le feu des forges
Rougeoyait les sapins les palais et les tours

J'inscris ici ton nom hors des deuils anonymes
Où tant d'amantes ont sombré corps âme et biens
Pour perpétuer un soir où dépouilles ultimes
Nous jetions tels des os nos souvenirs aux chiens

Tu fonds tu disparais tu sombres mais je dresse
Au bord de ce rivage où ne brille aucun feu
Nul phare blanchissant les bateaux en détresse
Nulle lanterne de rivage au front des bœufs

Mais je dresse aujourd'hui ton visage et ton rire
Tes yeux bouleversants ta gorge et tes parfums
Dans un olympe arbitraire où l'ombre se mire
Dans un miroir brisé sous les pas des défunts

Afin que si le tour des autres amoureuses
Venait avant le mien de s'abîmer tu sois
Et l'accueillante et l'illusoire et l'égareuse
La sœur de mes chagrins et la flamme à mes doigts

Car la route se brise au bord des précipices
Je sens venir les temps où mourront les amis
Et les amantes d'autrefois et d'aujourd'hui
Voici venir les jours de crêpe et d'artifice

Voici venir les jours où les œuvres sont vaines
Où nul bientôt ne comprendra ces mots écrits
Mais je bois goulûment les larmes de nos peines
Quitte à briser mon verre à l'écho de tes cris

Je bois joyeusement faisant claquer ma langue
Le vin tonique et mâle et j'invite au festin
Tous ceux-là que j'aimai ayant brisé leur cangue
Qu'ils viennent partager mon rêve et mon butin

Buvons joyeusement! chantons jusqu'à l'ivresse!
Nos mains ensanglantées aux tessons des bouteilles
Demain ne pourront plus étreindre nos maîtresses
Les verrous sont poussés au pays des merveilles.

(4 novembre 1929)

LA VIE ET L'ŒUVRE
DE ROBERT DESNOS

1900, 4 juillet. Naissance de Robert Desnos, à Paris. Son père est mandataire aux Halles. L'enfant passera toutes ses années de jeunesse dans le quartier Saint-Martin, dont les rues se nomment Quincampoix, Nicolas-Flamel ou Saint-Merri et dont l'atmosphère à la fois historique, magique et populaire devait exalter son imagination avant d'inspirer souvent sa poésie. Études à l'école communale, puis, quelque temps, au lycée Turgot. Surtout — à partir de six ou sept ans — il dessine et peint, lit des romans populaires et commence à noter ses rêves.

1917. Le jeune homme, qui a quitté sa famille va, tout en vivant de divers métiers, écrire et publier, d'abord dans des revues ; deux ans plus tard, en 1919, *Le Fard des Argonautes* et *L'Ode à Coco*. Il rencontre aussi ses premiers amis : Benjamin Péret, André Breton, Aragon, Tristan Tzara, Ribemont-Dessaignes, qui font déjà partie du mouvement Dada et viennent de créer la revue *Littérature* (1919).

1920. Robert Desnos fait son service militaire au Maroc.

1922. De retour à Paris, il retrouve ses amis, avec d'autres, en particulier Paul Eluard, Philippe Soupault, René Crevel, enfin tous ceux qu'on appelle maintenant les surréalistes ; il participe aux séances de sommeil hypnotique organisées par ceux-ci (il y apparaît vite comme le plus doué) et collabore à la revue *Littérature* (« Rrose Sélavy » et des récits de rêves y paraissent cette même année), puis après à *La Révolution surréaliste*. Jusqu'en 1929, il prend part à toutes les activités du groupe surréaliste, signe la plupart des tracts, fréquente les lieux qui seront bientôt liés à sa légende, du passage de l'Opéra et du bar Certa à la Centrale surréaliste où il rencontrera, en 1924, Raymond Queneau et à la rue du Château où il rencontrera, en 1925, Jacques et Pierre Prévert, Marcel Duhamel et quelques autres.

1924. *Deuil pour deuil* (Éditions Kra).

1926. *C'est les bottes de sept lieues cette phrase « Je me vois »*, avec des eaux-fortes d'André Masson (Galerie Simon).

1927. *La Liberté ou l'amour !* ouvrage condamné et mutilé par jugement du tribunal correctionnel de la Seine (Éditions Kra).

1930. *Corps et biens* (N.R.F.).
The Night of Loveless Nights, avec des illustrations de Georges Malkine (H. C., Anvers).
Cette même année 1930, Robert Desnos, qui vient de se séparer, avec quelques autres, d'André Breton et de ses disciples, écrit dans un pamphlet : « Le surréalisme est tombé dans le domaine public, à la disposition des hérésiarques, des schismatiques et des athées »... C'est dans le « domaine public » — le journalisme, la radio, la chanson, le cinéma, un moment la publicité — aussi bien que dans la poésie, qu'il en poursuivra désormais l'esprit. A la liste des premiers amis auxquels il est resté fidèle, en particulier Roger Vitrac, le peintre Malkine, le docteur Théodore Fraenkel, il faut en ajouter beaucoup d'autres : Picasso, Miró, Félix Labisse, les Deharme, Armand Salacrou, Henri Jeanson, Jean-Louis Barrault... Et il a fait la rencontre de Youki, qui va devenir sa femme.

1934. *Les sans cou*, avec des eaux-fortes d'André Masson (H. C.).

1939. Robert Desnos est mobilisé, fait prisonnier puis libéré, et rentre à Paris où il continue à écrire et à publier.

1942. *Fortunes* (N.R.F.).

1943. *Le vin est tiré*, roman (N.R.F.).
État de veille, avec des gravures de Gaston-Louis Roux (Robert Godet).

1944. Robert Desnos, qui fait partie d'un réseau de résistance, est arrêté, un matin de février, par la Gestapo. Il partira bientôt pour le camp de Buchenwald; puis connaîtra, pendant plusieurs mois, l'exode misérable à travers les villes concentrationnaires nazies.

La même année 1944, paraissent :

Contrée, avec des illustrations de Picasso (Robert Godet);
Le bain avec Andromède, avec des illustrations de Félix Labisse (Éditions de Flore);
Trente Chantefables pour les enfants sages (Librairie Gründ).

1945, 8 juin. Au camp de Térézine, en Tchécoslovaquie, que les SS ont abandonné à l'arrivée des forces alliées, Robert Desnos, malgré les soins qui lui sont donnés, meurt d'épuisement à l'âge de quarante-cinq ans.

La même année 1945, paraissent :

Félix Labisse, essai (Sequana);
La Place de l'Étoile, antipoème (Rodez).

1967. La ville de Sarcelles donne le nom de Robert Desnos à sa nouvelle École maternelle.

PUBLICATIONS POSTHUMES :

1946. *Choix de poèmes*, avec une préface de Georges Hugnet (Éditions de Minuit).

1947. *La Rue de la Gaîté*, avec des illustrations de Lucien Coutaud (« Les 13 épis »);
Les Trois Solitaires, avec des illustrations d'Yvette Alde (« Les 13 épis »);
Les Regrets de Paris (« Journal des poètes »).

1952. *Chantefables et chantefleurs*, avec des illustrations de Christiane Laran (Librairie Gründ).

1953. *Domaine public,* volume contenant la majeure partie de l'œuvre poétique de Robert Desnos, avec un avant-propos de René Bertelé (Le Point du jour, N.R.F.).
De l'érotisme considéré dans ses manifestations écrites et du point de vue de l'esprit moderne, essai (Cercle des Arts).

1962. *La Liberté ou l'amour!* suivi de *Deuil pour deuil* (N.R.F.) (nouvelle édition en un seul volume).
Calixto, suivi de *Contrée* (N.R.F.).

1966. *Cinéma,* textes réunis et présentés par André Tchernia (N.R.F.).

1968. *Corps et biens,* préface de René Bertelé (Poésie/Gallimard).

1969. *Fortunes,* suivi de la *Cantate pour l'inauguration du Musée de l'Homme* (1937) (Poésie/Gallimard).

1975. *Destinée arbitraire,* textes réunis et présentés par Marie-Claire Dumas ; le volume reprend, parmi d'autres, *État de veille* et *Le bain avec Andromède* et donne de nombreux inédits (Poésie/Gallimard).

1978. *Nouvelles Hébrides,* édition présentée et établie par Marie-Claire Dumas (N.R.F.).

DU MÊME AUTEUR

Dans la même collection

FORTUNES.

DESTINÉE ARBITRAIRE. *Édition de Marie-Claire Dumas.*

Cet ouvrage,
le vingt-septième de la collection Poésie,
a été achevé d'imprimer sur les presses
de l'imprimerie Bussière à Saint-Amand (Cher),
le 3 août 1998.
Dépôt légal : août 1998.
1ᵉʳ dépôt légal dans la collection : janvier 1968.
Numéro d'imprimeur : 1875.
ISBN 2-07-030085-4./Imprimé en France.

88027